穿兔子?
穿兔子
对不起…
咦?

玩具
玩
对不起…

穿兔子？
穿兔子
对不起…
咦？

玩具
玩
对不起…

光光老师专注力问诊室

文：廖笙光　图：黄鼻子

河北出版传媒集团
河北教育出版社

缘起

孩子，带我们认识新世界

廖笙光
台湾奇威专注力教育中心执行长

我的工作就是“带孩子”，但不是在学校，而是在医院里。十八年的工作中，我给三千多个孩子做了评估。在帮助爸爸妈妈的过程中，我常有一种感觉，就是尽管爸爸妈妈很疼爱孩子，他们却不知道孩子的小脑袋瓜里到底在想什么。特别是在我自己有了孩子之后，这种感觉更加强烈了。

我一直相信：孩子是上天给予的礼物。非常感谢家里的大宝贝、小宝贝，给了我许多亲眼观察的机会。在陪伴孩子长大的过程中，其实我也在学习，也在跟她们一起成长。家里这两个相差一岁的宝贝，扎扎实实地给我上了一课——今年的姐姐可能就是明年的妹妹。头一年，你还在抱怨姐姐爱告状，称赞妹妹如何乖巧，第二年，就会换成你抱怨妹妹爱告状，而姐姐则安静地坐在那里。随着这些相似的情景一而再、再而三地发生，你就会知道：孩子的发展自有一定的顺序与规律。

一岁爱黏人，两岁说“不要”，三岁抢第一，四岁爱告状，各种林林总总的小问题，都是孩子必经的成长历程。这不是爸爸妈妈努不努力的问题。即使你非常努力地防范，在孩子长大的过程中，这些问题还是会悄悄地冒出来，一个都不会少。因为这些都是孩子成长过程中必须要做的“家庭作业”。多用一点儿心，观察孩子的表现、倾听孩子的想法，当你越来越了解孩子在想什么的时候，也就越懂得如何引导孩子，而不会误以为他在调皮捣蛋。

孩子行为的后面，都有着其成长上的意义。即便是像小宝宝爱吃手、乱丢东西这样的行为，背后都隐藏着成长的秘密。孩子通过日常生活中的练习，发展出良好的社交能力、学习能力和专注力。问题的关键不是孩子乖不乖，而是我们对孩子的世界了解得够不够。我们已经太习惯上班，常常以为要坐着才能学习，所以要求孩子听从指令；我们已经太习惯工作，常常把游戏变成作业，所以限制孩子的创造力。结果现在孩子坐着的时间越来越长，却也变得越来越不专心，最后大人还气得要命。

不是孩子不配合，而是专注力这件事情，不是只看读书时专不专心，专注力涉及到四种能力。打个比方说，孩子一看书就听不到你说话，即使你叫了十几次，他还是在看书不理你。你觉得孩子是专心，还是不专心？在书桌前，最多只能练到视觉专注力，但是听觉、动觉、情绪的专注力，却是完全练习不到！

不要责怪孩子不认真，也不要责怪孩子不听话，而是要用孩子看世界的方式了解孩子，这样才能给予他最正确的引导。请记得，孩子的专注力不是进了学校才开始学的，而是靠爸爸妈妈在他们成长的每一刻逐渐培养出来的。

希望这本书能帮助你更进一步了解孩子的行为与想法。孩子需要的不是责备，也不是宠爱，而是学会正确的方式。请运用我们大人的智慧，给予孩子适当的引导，让孩子从小养成良好的习惯，他们自然就会变得专心又听话。

请记住，孩子需要的不是爸爸妈妈无微不至的照顾，而是你细心的引导！

推荐序

孩子，我懂你

何翩翩
台湾亲子天下出版社严选博客作者、宝血幼儿园园长

前几天和家人去一家亲子餐厅用餐，看到隔壁桌坐了一家四口，两个孩子大概是一岁和三岁的样子。一岁的弟弟坐在餐椅上，没多久就开始扭动、发出声响，甚至乱扔桌上的餐具。坐在他身旁的爸爸只是定定地看着他，一直重复着“安静噢，不要吵噢！”很显然，这没什么作用，孩子变得越来越不耐烦，发出更大的噪音并更强烈地扭动着。我心想：“他已经坐不住了。怎么不赶快抱他起来，去外面走走呢？”用餐结束后，我和家人离开了餐厅，心里却仍挂念着那个小男孩儿。

看完光光老师的大作，实在很佩服他可以非常详细地点出孩子行为背后的种种心理因素。孩子的哭闹、撒谎、失礼……常常会令大人们抓狂、怒吼，但如果你能了解这些负面行为所传递出来的信息，比如，可能是情绪控制力尚未成熟，想引起大人注意，身体不适没睡够，是正常孩子发展的正常现象等，也许就会愿意深吸一口气，接受孩子的这些不可爱的时刻，帮助他一起找到问题真正的核心，陪伴、支持他突破关卡，进入成长的下一篇章。

我尤其喜欢光光老师的“行为37：总是听不进”这节中的内容，当我们怎么说孩子都不听时，我们到底该怎么教、怎么责备孩子，才不会产生反作用？光光老师提醒我们：“责备是为了解决问题，不是污辱人”，不要让责备沦为发泄情绪，不要总是翻旧账骂个没完，而是要给予孩子正面的方向。相信只要把握好光光老师的这些原则，教好孩子绝不是难事！

光光老师的专业素养与临床经验在书中更是表露无疑，尤其是游戏卡的设计，针对孩子不同的需求设计了各种游戏。相信这些游戏将成为想要逃离电子产品的魔掌，却又常因孩子在公共场合哭闹而遭人白眼的父母们的救星。

这是一本理论性与实用性兼顾的好书，值得推荐与收藏！

推荐序

孩子行为的背后都有原因

爱小宜
亲子共读推广者

严格说起来，光光老师是我育儿路上的贵人。孩子的幼儿园老师向我推荐了光光老师的前一部作品《三步教出行为规范的孩子》，让我们这两个彼此不认识的人，在孩子的行为世界里结缘。

我的孩子进入幼儿园后，老师常向我反映他有容易分心、爱东摸西摸等注意力不集中的问题。喜欢拥抱同学的他，却矛盾地不愿意让别人触碰他的身体，有段时间，甚至每天回家都在抱怨小朋友撞他。同学间不小心的身体碰撞，在他的认知里全成了故意撞他的举动。这样的孩子，与我平时观察到的全然不同。

我的宝贝在家具有高度专注力，能长时间投入到喜欢的事情中，每天都与我开心拥抱，分享生活中发生的各种事情。上了幼儿园后到底怎么了？为什么在人际交往上会出现这么多的小状况？幼儿园老师推荐我阅读光光老师的文章后，我才恍然大悟。原来孩子的每个令人不解的行为背后，都是有原因的。

光光老师的新作，让我对孩子行为背后的原因，在既有的基础知识之上，又有了更深一层的认识。

孩子在学校里坐不住又爱东摸西摸，我先前就已经知道是因为颈部张力反射未整合，而书中“行为 51：坐没坐样”一节里，明确指出颈部张力反射若未被整合，在学习时有可能会出现坐不住的行为，这可能和幼时爬行经验不足有关；在学校容易分心，可能伴有触觉过度敏感，容易被被外面的风吹草动所吸引，从而出现分心现象。

在“行为 56：上课爱讲话”一节中则提到，不愿意被他人触碰身体，有可能是感觉调节能力较弱。光光老师建议，对于触觉敏感的孩子，父母在家可以给他按摩（刷）身体，给孩子更多的触觉刺激，降低他身体对触碰的敏感度。我的孩子在使用触觉刷三个月后，慢慢地真的能接受同学们不经意的触碰了。

我家宝贝前庭觉刺激也不足。光光老师在“行为 52：家有跳跳虎”一节中对此也做了深入的讲解，让我进一步理解了孩子，原来他并不是坐不住，而是需要更大量的运动。这也是所谓“能动能静”的真谛——先动得够，才能静得住。

爱孩子的家长、老师们，如果没有理解（同理）这些行为背后的成因，是不是就会武断地在孩子身上贴一张“难搞”或者“不听话”的标签呢？

书中讲解了六十个幼儿行为，并对每个行为背后的原因进行了详细的讲解。若您和我一样，正为孩子学习上的恼人小行为而困扰，诚挚向您推荐这本书。相信阅读后您会跟我一样，有种茅塞顿开的感觉。

推荐序

教孩子前要先懂孩子

赵介亭
台湾展赋教育教养团队执行长

我很喜欢阅读光光老师的文章，搭配手绘的插图，让我可以在轻松的心情下，吸收光光老师对于孩子的观察与见解。

我常和父母们分享：教孩子前要先懂孩子。尽管每一个孩子都有个体差异，都是独一无二的，但从儿童发展的角度来看，我们不难发现是有脉络可循的。孩子在不同阶段，因为大脑、生理与心理的发展不同，而表现出各种不同的行为。身为父母的我们，若对儿童发展阶段有足够的了解，在面对孩子“出招”时，就能更从容地“接招”。

光光老师的新书《光光老师专注力问诊室》，第一部分“从生理发展出发，奠基专注力”，就根据孩子年龄分为四个阶段：0~2 岁、3~4 岁、5~6 岁以及 6 岁以上，每个时期整理出十个常见行为，为父母提供了明确、简单、可行的具体策略。当父母破解了孩子的行为密码后，就不会再感觉恼人或困扰了。

即使在同一个阶段的孩子，也会因为个体的差异，而展现出不同的状态。因此第二部分“专注力不足，游戏来帮忙”，就从视觉、听觉、动觉、情绪四个方面，让父母从孩子的视角读懂孩子。很多时候孩子自己也被困住了，如果父母能够给予理解与协助，就能帮孩子跳出发展困境而成长蜕变。

这本书还搭配了“光光老师专注力亲子互动游戏卡”，每张卡片上都注明了适合的年龄以及相应的感觉统合与专注力目标。孩子需要父母的陪玩与互动，有了这套游戏卡，父母将不再烦恼要和孩子玩儿什么游戏，无论在什么场合，都有合适的游戏与孩子互动。

在教养信息如此纷杂的时代，父母更容易焦虑和烦恼，亲子关系就像是一条紧绷的钢索，随时都会断裂。不如回归初心，“让孩子教我们如何教他”。通过《光光老师专注力问诊室》，理解孩子的发展，看懂孩子的行为，就能营造优质的亲子时光，建构良好的亲子关系。

推荐序

行为背后都具有发展上的意义

魏玮志
亲子教育讲师

我们都是有了孩子之后才开始学习怎么当爸爸妈妈。满心欢喜地迎来新生命，大伙儿围绕在新成员身边，与他一起体验人生中无数的第一次。陪他长大的路上，有欢欣处，也有烦恼时。当小宝贝开始出现我们无法预期（不理解）的行为时，总让人特别心慌与担忧。

育儿的过程中，你是不是也有过这些烦恼？

什么方法都试过了，孩子还是一直哭？都告诉他东西很脏了，为什么他还坚持放进嘴巴里？总是听不见我在叫他，是不是耳朵不好？明明已经告诉过他不可以做的事，为什么还要不断地试探我的底限？玩儿一样东西，总是只有三分钟热度？情绪管理是不是不好，怎么一输就大翻脸？

光光老师有一句话让我很受触动，“孩子行为后面，都具有发展上的意义。”行为只是他们呈现出来的表象，只有探索行为背后的原因，才能真正读懂孩子，理解孩子为什么这样做。

为缓解爸爸妈妈们心中的无数困惑，光光老师的新书《光光老师专注力问诊室》因此而生。它就像一本育儿圣经，从各个年龄段入手，逐一剖析孩子的发展与需求；从不同的感官出发，全面探究孩子各种知觉的行为秘密。曾让你百般思索“为什么”的各种孩子的行为，在里面统统可以找到答案。每个章节末还附有贴心的“陪伴指南”，让我们在孩子的行为世界里，享受当爸爸妈妈的美好。

目录

第一部分

从生理发展出发，奠基专注力

了解教养关卡，用儿童发展知识解读行为；
让管教变轻松，为专注学习力打基石。

一 专注力发展：0~2 岁

二 专注力发展：3~4 岁

三 专注力发展：5~6 岁

四 专注力发展：6 岁以上

第二部分

专注力不足，游戏来帮忙

针对问题，抽丝剥茧分层说明，分析孩子行为背后的原因，提供亲子游戏，帮父母提升孩子的专注力。

五 视觉专注力不足

六 听觉专注力不足

七 动觉专注力不足

八 情绪专注力不足

第一部分

从生理发展出发，奠基专注力

专心，不是进入学校后才开始学习，而是通过生活中的小细节培养出来。

专心，需要从小处累积，自婴儿时期就需要开始练习。宝宝很黏人、爬来爬去、早睡早起，这些再常见不过的事情，都隐藏着孩子专心的小秘密。

宝宝在与你的互动中学会，只要你一拿出东西，眼睛就立即盯着看；宝宝通过爬行，促进颈部张力反射整合，日后读书时才能坐好不乱动；宝宝睡眠周期符合学校时刻表，上课时才不会昏昏沉沉。专心就是这样一点一滴积累出来的。

专心，不会随着孩子长大就自然地出现，要靠爸爸妈妈的培养。但爸爸妈妈要记住，不能把孩子当成人一样对待。孩子不是一出生就具备所有能力的，需要在生活中逐渐积累，慢慢发展出来。带孩子不要急，要按照生理发展的时间依序引导。

发展过程中，孩子常常会因为不熟练而做出许多令人困扰的行为，请不要把“不专心”的大帽子扣在孩子身上。这不是孩子在捣蛋，也不是孩子不配合，而是一个过渡阶段。孩子需要的不是责备，也不是呵护，而是我们的理解。帮孩子想出解决问题的方法，培养出良好的习惯。

了解孩子才能帮助孩子。请爸爸妈妈跟随这本书，认识孩子行为背后的 40 个发展秘密吧！

一 专注力发展：0~2 岁

01 行为
宝宝哭不停

02 行为
宝宝吮手指

03 行为
宝宝不看书

宝宝是天底下最可爱、最需要被照顾的。

微笑是宝宝最强大的武器，没人抵挡得住这可爱笑容的杀伤力。照顾宝宝，不只要喂他吃奶、帮他换尿布、哄他睡觉而已，更重要的是要抱起宝宝，看着他那双大大的眼睛，跟他温柔地互动。通过眼神交流，才能拉近两个人心灵的距离，培养出良好的默契。

04 行为
宝宝到处爬

05 行为
宝宝很黏人

06 行为 宝宝扔玩具

07 行为 没有时间观

不要觉得宝宝什么都还不会，喂饱后就把他放在床上，急急忙忙赶着做家务。这样反而会错过培养孩子专注力的最佳时机。你知道吗？这时宝宝可是正需要培养“共同性注意力”，也就是当你拿出一个物品，宝宝立即察觉，并且和你一起将注意力放在同一个事物上的能力哟！

多和宝宝互动，多跟宝宝说话，才能培养出宝宝的专注力噢。

08 行为 宝宝不分享

09 行为 宝宝耍赖皮

10 行为 太晚开口说

行为 01

宝宝哭不停

尽早建立安全依恋感，奠基情绪专注力

小婴儿的哭声，特别容易吸引大人的注意力，让人兴起怜爱之心，同时也引发焦虑。这是人类与生俱来的天性，听到婴儿的哭声时，会很自然地产生焦虑感，并且不由自主地到处寻找哭声的来源。但是小婴儿一直哭闹不停，往往会把大人给逼疯：究竟是怎么了？明明尿布换了，奶也喂了，也在不停地哄着，他怎么还是哭个不停？顿时有种“叫天天不应，叫地地不灵”的无奈感涌上心头。

抱着那小小的身体，我们常忍不住惊讶，这样柔弱又娇小的婴儿，怎能发出这么大的声响。那一声声的哭喊，直直穿透爸爸妈妈的心，好像是在抱怨大人没有照顾好他一样。两人四手忙得乱七八糟，小婴儿就是不买账，抱他也不是，放下来也不行，搞得爸爸妈妈焦头烂额。

小婴儿哭闹是很正常的情况，出生后的第四至六周是高峰期，一直要等到第六至八周才会渐渐减缓下来。这并非是爸爸妈妈做得不好，而是一个正常的过程。小婴儿和爸爸妈妈需要培养默契，不是一带回家就会自动开启乖巧模式。你要做的第一件事情，就是先照顾好自己，储存好精力，以应对这些接踵而来的挑战。小婴儿哭闹不停，往往是因为很想睡觉，却又错过了睡觉时间，此时若又不巧肚子饿了，就会演变成让成人心慌的混乱场面。

请先放下你的愧疚感，千万不要用力摇晃小宝贝。他的头颈还很柔弱，过度摇晃往往会导致脑部受到伤害。如果孩子安静下来不是因为你的摇晃,而是被你摇到头晕眼花,那可就麻烦了！

如何度过宝贝的哭闹高峰期

行动❶ 给自己五分钟的缓冲时间

如果你已经试过了所有方法，还是没有办法安抚哭闹的宝贝，这时最好的方式就是先把小宝贝放下，放在一张安全的婴儿床上，在确定他安全无虞的情况下，关上房门，隔开那令你崩溃的哭声，让自己休息五分钟。

小婴儿想睡觉前最容易闹脾气，如果爸爸妈妈错过了他释放出的想睡讯号，比如打哈欠、揉眼睛、眯眼等，他在又累又睡不着的情况下，就会哭闹不止。当他大哭之后，会把瞌睡虫全赶跑，又要等到大约四十分钟后他才会进入第二个睡眠周期。

小婴儿一直都比大人还要规律，生活周期越规律，宝贝的行为越好预期，也就越好照顾。

行动❷ 母子心连心

小婴儿的情绪跟你的情绪是连在一起的。当你心情好、满脸笑意时，小宝贝就会自然地对你微笑；你疲劳到愁容满面时，小宝贝不知道发生了什么事，会不自觉地跟着感到紧张，而开始哇哇大哭。**你要做的第一件事，不是把所有的事情都揽在身上，而是照顾好自己。**唯有你养精蓄锐，找回笑容之后，才能照顾好你的小宝贝。

方法❸ 适时寻求帮助

适时向有照顾婴儿经验的朋友们请教，他们的建议往往会有很大的帮助。你会发现，大家也都是在跌跌撞撞中学习如何搞定这个可爱又可怕的小婴儿的。**请不要觉得不自己照顾孩子就是不及格的妈妈。**没人可以二十四小时工作不休息，当妈妈也是一样的，总是需要有暂时的休息的时间。请亲友帮忙照顾一下孩子，每周最少要有两个小时的“小确幸时间”，让自己好好喘口气。

大家都是在摸索与调整中学习扮演爸爸妈妈这种人生新角色的。遇到育儿挫折时，请先放下满怀的愧疚，记住：照顾好自己，就是照顾好孩子！这不仅能帮助小宝贝度过磨合期，建立信任和安全感，还能为他未来的情绪专注力打好基础。

行为02 宝宝吮手指

认识小手，提升未来运笔力

最近，只要打开电视机，就能看到肠病毒或流感等一大堆疾病新闻，让爸爸妈妈增添许多焦虑。家里的小宝贝，拿了东西就想放进嘴巴里，真让人担心他会不会因此而生病。但不管我们怎么做，都没法制止宝宝把东西往嘴里放的行为，他还是一直咬个不停，一会儿咬手，一会儿咬衣服。这到底是为什么呢？

两岁之前，小宝贝喜欢把东西放进嘴巴里，喜欢咬东西，都是正常的，爸爸妈妈不用特别担心。孩子的口欲期，大约会从两个月持续到两岁左右。口欲期与安全感的建立密切相关，小宝贝把东西放进嘴巴里的动作，并不建议爸爸妈妈过度严格禁止，爸爸妈妈只要帮他保持物品的清洁就可以了。

如果口欲期没有得到满足，宝宝长大后容易出现咬指甲、贪吃、洁癖等情况，也会因缺乏安全感，导致想法比较悲观，表现得比较退缩。所以爸爸妈妈要做的，不是禁止宝宝吃手，而是提供一个干净又安全的环境。

宝宝爱吃手的原因

原因❶　用嘴巴来探索

口腔是婴儿触觉最敏感的区域。**新生儿通过嘴巴来辨识形状。两岁前的小宝贝将物品、手指放到嘴巴里，最主要的目的就是区辨它们的形状。**仔细观察小宝贝，你会发现他不是一直固定地吃一个手指头，而是每个手指轮流吃，等到十个手指头都认识完了，连脚趾都会拿来吃。这并不是小宝贝不爱干净，而是他在探索自己的身体。当宝贝探索完成后，自然就不会再吃手了。

原因❷　长牙不舒服

老一辈人常说“七坐、八爬、九长牙”。现代社会的孩子营养比较好，长牙的时间往往也跟着提前。**当小宝贝长牙时，牙龈会肿肿痒痒的，不舒服，这时他就会想用力咬东西，通过按压牙龈，以缓解不舒服的感觉。**看到什么东西都想咬，甚至连爸爸妈妈的手都不放过。这时请不要阻止小宝贝将东西放到嘴巴里，或怪罪他脾气坏，爸爸妈妈可以给他牙胶，让他安心地咬，以减缓长牙的不适感。

原因 ❸　通过吸吮获得安慰

无论是吸奶嘴还是吃手指，小宝贝都是通过吸吮的动作诱发本体觉反馈。本体觉反馈，在被紧紧拥抱时也会出现。**吮手指可以说是小宝贝尝试安慰自己的过程，让自己感觉仿佛被拥抱，让心情渐渐恢复平静。**在宝宝两岁之前，除非是语言发展比较迟缓，通常我们都是不建议爸爸妈妈让宝宝戒掉这些吸吮行为。

宝宝爱吃手，不用大惊小怪；宝宝爱乱咬，也是很正常的情况。不需要刻意禁止，也不用特别鼓励，而是帮宝宝准备好保持物品的清洁，这才是身为照顾者的我们需要做的事。

通过吮手指，宝宝能学会认识自己的手，整合触觉区辨能力，为日后专心地运笔写字打下基石。

另外提醒爸爸妈妈：两岁之前，小宝贝还不会判断物品是否可以吃。给小宝贝的玩具一定得安全，请提前仔细检查上面的小零件是否容易脱落，避免小宝贝误食。

行为 03 宝宝不看书

逐步延长共读时间，培养阅读专注力

很多爸爸妈妈都想带着孩子一起阅读。但在阅读过程中，往往觉得小宝贝不够配合也不够专心，搞得亲子共读好像一件苦差事。事实上，对于小宝贝来说，最好的阅读角落，不是椅子，更不是沙发，而是父母的大腿；特别是年龄较小的小宝贝，爸爸的大腿更是他的宝座。

爸爸妈妈工作一天回来，小宝贝总是迫不及待地奔过来撒娇，甚至抱着大腿往上爬。适时给予鼓励和拥抱，对小宝贝而言就是最大的奖励。抱着小宝贝坐在沙发上时，你通常都在做什么事情呢？依然使用手机处理工作事务，还是放松地看电视？你抱着小宝贝一起做的事情，将是小宝贝以后最喜欢做的事情，因为这个经验会深深地烙印在他小小的脑海中。

小宝贝再聪明，也只是个孩子，他无法分辨情境，只会模仿动作。如果你抱着他的时候在使用手机，他也许不一定懂得你正忙于公务，但一定会学会如何使用手机；如果你陪着他一起看电视，他不一定理解你工作劳累，但一定会学会坐在电视前面。所以，请在沙发旁边放上一本小宝贝和你一起时可以共同阅读的小书吧！

从小开始，陪孩子一起阅读

共读❶ 阅读能力不是与生俱来的

阅读能力不是与生俱来的，也不会自己发展出来，而是需要爸爸妈妈的引导。**带着小宝贝开始阅读，越早越容易成功。建议在孩子一岁以后，就慢慢开始培养他的阅读习惯。**让小宝贝每天在固定的时间跟着爸爸妈妈一起看书，他长大后自然就会成为习惯，每天都要拿起书，也就爱上了阅读。

共读❷ 让阅读与爱联结

抱着小宝贝和你一起读书，让他将阅读与喜悦的心情建立一个良好的联结。小宝贝就会很自然地爱上阅读。请不要将亲子共读当作是一项任务，而是放松心情，很自然地拿起手边的书籍、绘本，读给小宝贝听，指图片给他看，很快他就会主动拿书过来找你一起读了。

共读❸ 先让孩子喜欢上书

阅读的第一个任务，不是学知识，而是爱上书本。小宝贝一岁半以前，手指动作和力量控制还没发育成熟，常常会将纸张撕破，这时千万不要责备他，书破了就破了，没什么大不了的。如果担心小宝贝养成撕书的坏习惯，可以事先准备布书或厚纸书，以免小宝贝不小心撕破。此时如果责备，很容易让小宝贝产生阅读时会胆战心惊的负面联结，担心爸爸妈妈不知何时就会骂人。在这种不安的情境下，又如何让小宝贝喜欢上书呢？

人与书并不是天生互相吸引的，一开始必须要有一个桥梁媒介。如果期待小宝贝爱上阅读，关键不在于他就读的学校，也不在于老师提供的教材，而在于爸爸妈妈从小的引导。

宝宝可不可以静下来看书，关键在于爸爸妈妈的陪伴，逐渐延长共读的持续时间，就是在培养宝宝的专注力。

爸爸的大腿是小宝贝最好的阅读宝座。请立即抱起你的孩子，让他坐在你的腿上一起阅读吧！请记住，你的陪伴将是孩子养成阅读习惯的最大利器。

行为

04

宝宝到处爬

爬行锻炼手脚协调性，为学习专注力奠基

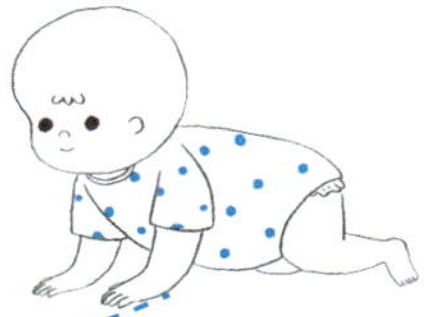

小婴儿是全家人的焦点，大家轮流抱的时间都不够了，怎么会放任他在地板上乱爬？一直抱着小宝贝，对他真的是最好的吗？

越来越多的小宝贝跳过爬行阶段，直接学习走路。爬行对于孩子们来说似乎越来越陌生，也越来越不重要。事实上，爬行不仅仅是移动身体，而是学习如何协调运用手脚的关键所在。通过爬行，孩子的紧张性颈反射能够被整合，进而养成日后学习时的专注力。

反射就像一个事先写好的电脑程序，储存在小婴儿的大脑里，让刚出生的婴儿可以做出维持生存的基本动作。紧张性颈反射对小宝贝尤其重要。只要他可以控制自己的头转动，当头转向右边时，右手就会自动地伸出来，让他轻轻松松地拿到食物，再将头转回来，右手就会自动地弯起，将食物放进嘴里。通常只要小宝贝可以控制自己的头，就能吃到想吃的东西，当然也包括不能吃的玩具。

随着小宝贝动作复杂程度的增加，这种“头一动手脚就跟

着动”的紧张性颈反射，逐渐地会让他的行动变得不方便。当小宝贝开始爬行时，紧张性颈反射就会受到抑制而被整合，渐渐消失后，孩子的手脚动作将不再受到颈部动作的控制。

试想一下，当孩子进入学龄阶段，如果头一动，手脚就不自主地想动，上课时一定会出现不必要的困扰。试想一下，孩子坐在教室里上课，老师在黑板上写字。当老师写到黑板左边时，孩子的头转向左边，左手不自觉地跟着伸出来；老师写到黑板右边时，孩子的右手又伸出来。结果就变成东摸西摸、动来动去，很容易被误认为不专心。如果旁边又正好坐着一个“碰不得”的小女生，还会被贴上“调皮捣蛋”的标签。不是孩子上课不专心，也不是故意不坐好，而是紧张性颈反射在作怪。所以，请不要跳过让小宝贝练习爬行的机会，这可是培养孩子专注力的关键活动。

小宝贝爬行时的准备工作

重点❶　干净的环境

孩子爬行前，请爸爸妈妈保持地面的干净。如果真的很担心清洁问题，可以用巧拼地垫拼出一个区域让小宝贝爬行，这样也比较容易保持清洁。要注意不要让小宝贝在床垫上爬行，因为床垫太软反而会不好爬噢。

重点❷ 舒适的衣物

大人运动时要换上运动服，总不能穿着西装、皮鞋就上场了。小宝贝爬行时也是一样，穿着的衣服是否漂亮不是重点，要紧的是大腿部分千万不要太拘束，**尽量挑选材质舒适、款式宽松的衣服，方便小宝贝手脚运动。**

重点❸ 安全的空间

随着小宝贝开始爬行，他的活动范围也会变大。桌面上的垂坠物，比如电器的电线，或者装饰桌面的桌布，都必须要先移开。**家具的尖角也要加上保护贴条，尽量维持环境的安全噢。**

千万不要让小宝贝在七八个月大时就开始练习走路，因为爬行比走路要累得多，宝贝学会走路后就懒得爬了。不论是过早学习走路，还是长时间坐在椅子上，都无法促进紧张性颈反射的整合。

更不要一直把小宝贝紧抱在怀里，把他放下来让他多爬，自然就能让小宝贝在游戏中逐渐整合紧张性颈反射，进而培养出良好的专注力，让他在未来的求学路上可以快快乐乐地学习。

行为 05

宝宝很黏人
训练听觉嗅觉，培养情绪稳定力

小婴儿是如何认人的？用眼睛看吗？其实并不是。所有小婴儿刚出生时都是大近视，眼睛看到的景象都是一团模糊的，只能看到朦朦胧胧的轮廓，无法辨认出谁是谁。

小婴儿不会认人吗？会的。但不是靠眼睛，而是靠耳朵和鼻子——通过你温柔的语调，小婴儿会熟悉你的声音；借助你拥抱他时散发出来的气味，小婴儿会牢记你的味道。熟悉的听觉与嗅觉，给予小婴儿充分的安全感，让他可以安心地合上眼睛，安稳地躺在你的怀中睡觉。

一岁前，宝宝黏人的三大原因

原因 ❶ 小宝宝更依赖嗅觉

小婴儿依赖嗅觉更胜过视觉。许多幼儿将安抚巾视为珍宝，不愿与之分离，就是这个道理。**小婴儿的安全感来自于可以觉察自己与妈妈的味道。**倘若妈妈喜欢喷香水，或经常更换沐浴乳，小婴儿就会觉得换了一个妈妈。常听到有妈妈反映，宝宝明明非常想睡觉，却哭闹不休，怎么也不肯闭上眼睛，或许不是他爱闹，而是找不到给他安全感的熟悉味道。

原因 ❷　六个月时视觉才成熟

等到六个月时，小婴儿的眼睛可以清楚地看到远方的东西，也更能辨认我们的五官，认人进入另外一个阶段。宝宝对会很仔细地看着你的脸，不停地对你微笑，甚至模仿你的表情，逗得人开心大笑。通过这样的互动，宝宝开始学习辨认所有能看到的人的脸，记住家里有哪些人。六到八个月之间，宝宝所记得的人，就是他心中的“熟人”，也就是安全的人。

原因 ❸　九个月时出现“陌生人焦虑”

经历上述阶段，短短一个月后，宝宝会突然不再是谁抱都可以，原来那个爱笑的小宝宝再度变得黏人。只要看到不熟悉的陌生人，就会出现哭闹反应，这就是所谓的“陌生人焦虑”。**在小宝宝出生后的前九个月，熟人数量的多寡，是孩子日后气质大方或害羞的一个重要因素。**只是宝宝分辨熟人的方式与我们大人不同，并非靠血缘或称谓，对宝宝来说，熟人是那些“睡着后醒来还看得到的人”。

宝宝并不是缩小版的大人，他们看这个世界的眼光与成人的差别很大。我们要做的不是无微不至的照顾，而是适当的理解与引导。当我们二十四小时紧紧地黏着宝贝，给他最好的呵护时，在宝贝眼中的全世界就只有两个人。除了你之外，其他都是陌生人，结果宝贝不是更有安全感，反而会变得怕生，更容易害怕而哭闹噢！

行为 06

宝宝扔玩具

物体恒存概念萌芽，对智力发展很重要

婴儿刚来到爸爸妈妈身边时，就像个小天使。长大的过程中，不时会出现各种令成人伤脑筋又头疼的小举动。这些小举动的出现，不是小婴儿变得不乖了，也不是他在闹脾气，而是隐藏着爸爸妈妈不知道的秘密。

婴儿刚出生时，身体动作主要受先天反射功能控制，就像眨眼反射，眼前一有刺激他就会立即做出相应的动作。随着婴儿逐渐长大，特别是在八至九个月这个阶段，小宝贝的脑袋里出现了更多想法，也变得更为自主，单单依靠反射已经不足以满足他的好奇心了，于是他便想要打破“反射”而出现自主动作。小宝贝爱乱扔东西，真的不是在捣蛋，而是在练习自主动作。

破解宝宝爱扔东西的原因

原因❶ 抓握反射的干扰

抓握反射让小婴儿一碰到物品，就会立即紧紧抓起来。但总不能一直抓着不放，所以小宝贝会开始学习如何控制手部肌肉把物品放开。**八至九个月的小宝贝，由于放开动作还不是很熟练，不知道只要轻轻张开手指即可完成放开动作。**在练习“放开”时，常常会不小心连手臂的力量也一起用上，就变成了让大人很是困扰的“扔”的动作。爸爸妈妈请记得，真的不是小宝贝故意乱扔，这只是他在练习自主动作。

这时，爸爸妈妈可以准备一个塑料箱，抱着小宝贝把玩具一个一个地放在他的前面，鼓励他自己拿起来扔进箱子里。通过跟爸爸妈妈一起玩儿收纳游戏，小宝贝慢慢地就对“放开”这个动作熟练了，熟练之后自然也就不会乱“扔”东西了，而是会转而去尝试学习另一个新技能。

原因 ❷ 物体恒存概念的发展

六个月大的婴儿，对于物体恒存的概念开始萌芽，懵懵懂懂中了解了一个真理：看不到不等于消失。东西只是暂时看不见，但它仍然存在着。在婴儿学习物体恒存概念的过程中，当你把他扔掉的玩具捡起还给他时，小宝贝就会眼睛一亮：它已经不见了，怎么又跑出来了？这个过程对小宝贝就像是变魔术一样神奇。好奇之下，他会迫不及待地再扔一次试试，看看是否还会跑出来。

小宝贝此时会非常热衷于“看着东西消失，再去把它找出来”的游戏。就像是刚出生的小宝贝都特别喜欢玩“呜哇”小游戏一样，大人把脸遮起来再突然出现，就能把小宝贝逗得哈哈大笑。此时的爸爸妈妈请辛苦点儿，当小宝贝的“捡东西机器人”吧。

原因 ❸ 力量控制未成熟

小宝贝的动作随着年龄增长越来越灵活，但他在力量控制方面却还没有表现出来。一想伸手，手就往外张开了 180 度，一想弯手，手就往内合了 180 度。特别是在开心的时候，常常会因为动作幅度太大而不小心打翻东西。这时，爸爸妈妈可以准备一根粗毛线，一端绑在玩具上，一端固定在桌面上，当小宝贝不小心推倒玩具，可以自己拉起毛线拿回玩具，爸爸妈妈就不用一直捡捡捡了。请记得一定要注意安全，毛线不要太长，以免发生危险。

小宝贝不是故意乱扔东西，而是在学习与熟练自己的动作技巧，这是他们生理发展的必经阶段。不要小看“扔”这个动作，它背后蕴藏着很多意义，特别是物体恒存概念的发展，对智力发展起到非常重要的作用。

物体恒存概念让小宝贝了解到，虽然看不到妈妈，但妈妈会一直在身边保护着我，进而发展出安全感，克服自己独处的焦虑。有了安全感，小宝贝学习爬行与走路时，才会勇敢地迈出步伐，离开妈妈，探索周围的环境。

行为 07

没有时间观

建立时间周期，培养学习专注力

“都几点了，还不快去睡觉！”这是有孩子的家庭中常能听到的一句话。为什么爸爸妈妈已经大发雷霆了，孩子还是无动于衷？究竟是孩子不听话，还是我们不懂孩子在想什么？

孩子对时间的概念，并不像成人那样清楚，毕竟他们还不太会看时钟。现在到底是七点还是九点，对孩子而言并没有多大差别。当孩子还无法了解数字的先后顺序时，与孩子争执现在几点，只会让爸爸妈妈憋一肚子气。

孩子不像大人那样会看时钟，并不代表他没有时间观念，只是孩子记时间的方式和成人的不一样。

孩子记时间的方法

方法❶ 用肚子来记时间

小小孩表现得最明显，一到傍晚五点左右，就会想回家。当然不是因为孩子戴了手表，而是他的肚子已经饿了。肚子饿就是最好的时钟，提醒孩子现在几点了。**但如果孩子很爱吃零**

食，生理时钟就会被打乱，当然也就没有时间观念了。

方法❷ 用事件来记时间

孩子记忆时间的方式，并非是抽象的数字，而是具体的事情。看动画片的时间是五点，妈妈回来的时间是七点。在固定的时间发生的特定的事件，会告诉孩子现在几点了。**墙壁上的时钟对他来说只是参考，看到明确的事实才是关键。**同理可知，孩子的生活时间表越固定，也就越能掌握时间观念。

方法❸ 用顺序来记时间

孩子依靠事件发生的先后顺序，预测接下来必须要做什么事情。例如，晚上的安排是“六点吃饭，七点洗澡，八点读绘本，九点上床睡觉”。简而言之，孩子是用事情的顺序来记忆时间，正是因为这样的特质，当发生突发状况改变了熟悉的顺序时，孩子往往就会出现“时间错乱”的状况。爸爸妈妈会发现，孩子明明看起来已经非常疲惫了，却迟迟不愿意上床睡觉，最后大人生气，孩子哭闹。

相信大家都有这样的经验，原本加班的爸爸，今天终于提早下班，赶在孩子躺在床上看绘本前踏入家门。既然是为了陪伴孩子才提前赶回来的，当然要和孩子亲亲抱抱，顺便陪着玩儿一会儿，结果时间一下子就超过了九点。这时如果你要孩子乖乖睡觉，孩子往往不愿意配合。请先不要对孩子生气，更不要威胁处罚他，而是依序完成既定的事情，再次跟孩子一起读完绘本，你就会发现孩子将心满意足地上床睡觉。

请不要在孩子即将睡觉前的最后一刻走进家门，又希望他能立刻上床睡觉。孩子只要看到你，绝对会像遇到偶像剧明星那样兴奋，怎么可能乖乖睡觉呢？令人困扰的冲突情景，究竟是孩子的问题，还是爸爸妈妈时间规划的问题呢？

孩子的生活时间表越固定，时间周期越规律，宝宝的行为也就越容易预测。在宝宝最清醒的时候给予引导，才能培养出良好的专注力。

很多时候我们都必须思考，到底是孩子不愿意乖乖睡觉，还是我们无意间破坏了孩子的时间表，却又误解孩子不肯乖乖配合呢？

改变，必须从我们自己开始做起，而不是先要求孩子。

行为 08

宝宝不分享

物权意识发展阶段不同，影响分享意愿

两岁左右的孩子，会将看见的所有物品，都认定为自己的。直到四岁左右，随着物权意识的逐渐成熟，才能清楚分辨出物品究竟是属于谁的。在这个渐进的发展过程中，孩子会从最初完全不在乎物品的归属，渐渐发展到保护“我的”物品，不愿意跟别人分享。这不是孩子自私，是他发展的必经阶段。

两个处于不同发展阶段的孩子在一起玩儿，若一个已经具有物权意识，另一个却仍处于“全是我的”阶段，就难免会发生冲突。这没有谁对谁错，因为从生理发展的角度来说，两个人都是对的。爸爸妈妈要做的，是帮孩子找出解决的方法。强迫的分享不是分享，而是被抢。如果一个孩子老是被抢，你觉得孩子以后会喜欢分享，还是会变得自私呢？

孩子不愿意分享，最重要的原因是害怕失去。因为害怕自己心爱的宝贝被弄坏、被弄丢、被抢走，而对分享心生抗拒。如果孩子将所有东西都视作宝贝，那当然不愿意分享。所以父母鼓励孩子分享时，选择的分享物品就变得非常重要。请不要一开始就期望孩子分享玩具，特别是那种他只拥有一个的玩具，那往往只会让孩子产生挫折感，不会有任何帮助。

三个小方法，让孩子变大方

方法❶　培养物品所有权概念

孩子对于所有权的概念尚不成熟时，会以为看到的东西都是自己的。在想要拥有的情况下，就容易与同伴产生争执。这时爸爸妈妈可以带着他玩儿整理衣服、鞋子、袜子的游戏，让小宝贝猜猜它们分别是属于谁的。通过游戏，让小宝贝逐渐明白，不同的物品属于不同的人，小宝贝也就不会什么都想抢了。

方法❷　先从食物开始分享

最初练习分享时，可以从数量较多的物品开始，先让孩子练习把物品分给别人，习惯后自然也就会愿意主动与人分享。建议可以从分享水果开始，特别是像葡萄、小西红柿等数量多的水果。让孩子练习将水果一个一个分给家里的每一位成员。通过这样的互动，**让小宝贝养成分享的习惯，先创造分享的成功经验，再渐渐扩展到家庭以外的地方。**当小宝贝有了愉快的分享体验后，下次大人再说要分享时，自然就会主动把物品拿给别人，此时再延伸到玩具等其他物件也就比较容易成功。

方法❸ 将玩具分成两大类

带着孩子将玩具分为两大类，一类是自己的“宝贝”，另一类是跟别人玩的。建议爸爸妈妈除了玩具收纳箱之外，额外帮孩子准备一个他专属的“宝贝箱”。允许小宝贝可以独享宝贝箱里的东西，而不强迫分享；玩具箱里的东西则要练习大方分享。记住：宝贝箱绝对不可以比玩具箱大哟。

分享是一种美德，但必须以不伤害自己为前提，不是吗？尊重孩子的决定，让孩子选择一部分专属于自己的物品。当有自己独享的物品后，孩子自然也就会更乐意分享。这才是我们应该要协助孩子去思考和判断的方向。不强迫孩子把所有的东西都拿出来分享，才能让孩子真正愿意分享！

行为 09

宝宝耍赖皮

自我意识刚萌芽，给简短指令

一岁半的孩子意见越来越多，常会有坚持己见、不听指令的情况出现，这往往会让爸爸妈妈头痛不已。为什么原本乖巧的小朋友变得越来越叛逆了？请爸爸妈妈先不要担心，出现这样的情况应该感到高兴才是，因为孩子正在步入自我意识发展的关键时期。

随着自我意识的发展，孩子会越来越有主见，也会尝试要求爸爸妈妈配合。当自己的意见不被接受时，他就会放大招——躺在地上耍赖皮，打死不愿意离开，哭闹不止。因为他知道你会把他抱起来，那样他就有机会得到想要的东西了。

孩子耍赖皮的原因

原因 ❶　分不清你我差异

不到一岁的宝宝会觉得你和他想的是一模一样的，不论他想要什么，爸爸妈妈都会满足。随着动作能力的提高，孩子探索的区域越来越大，可能遇到的危险也会越来越多。当爸爸妈妈开始有所限制时，孩子会感到困惑：为什么以前爸爸妈妈想的和我一样，现在却变成不一样了呢？在这样的背景下，就会产生不满的情绪而开始哭闹。随着在生活中反复地体验，孩子才会逐渐理解：原来我是一个人，妈妈是另一个人，我们两人有时想的会不一样。

原因❷　想太多，但说不出

两岁正是孩子语言发展的爆发期。短短几个月里，孩子从只会断断续续地说十几个不同的词汇，突然爆发至说起话来滔滔不绝。他们总是想说的话很多，能说清楚的却很有限。当孩子因为心急，无法顺利地将脑袋里想的转化为语言表达出来时，就会产生情绪波动，出现哭闹反应。这时最简单的方法，就是**帮孩子把话说出来，这样他就会感到被接纳而安静下来。**

原因❸　玩得太累，体力不足

虽然孩子有着无限大的好奇心，但还没学会调节体力，因此爸爸妈妈一定要避免孩子累过头。孩子的体力差一岁就差很多，如果家里有哥哥姐姐更是要特别注意。如果让孩子累过头了，再简单的道理也是听不进去的。如果孩子已经躺在地上要赖皮了，请不要太坚持和他讲道理沟通。请先抱起孩子，赶快让他回到舒适的家里，好好地睡上一觉吧。

孩子在成长过程中，多少都会有耍赖皮的情况，请不要认为这是孩子故意做出的行为。爸爸妈妈要做的，不是责备或威胁孩子，而是要有“一致性”的坚持。千万不要一个坚持，另一个妥协，两人态度不同往往会让孩子不断尝试“新招”，让爸爸妈妈陷入头痛不已的“赖皮循环”中。

坚定而温和地对孩子坚持，将决定权掌握在成人手中，可以减少孩子耍赖皮的频率。你需要做的是给孩子简短的指令，而非长篇大论地讲道理。此时的孩子虽然已经会说话了，毕竟是半猜半懂。过长的说明往往不会让孩子明白，反而可能会因为抓错重点而哭闹得更厉害。

教育孩子是一场积分赛，不是淘汰赛，不会因为一次失败就定胜负。只要你做对的频率更高，孩子就可以获得最终的成功。

行为10 太晚开口说

真人互动，才是学习说话的关键

宝宝会不会说话，是爸爸妈妈最关心的事情。亲耳听到宝宝第一次叫“爸爸、妈妈”，真是件令人无比期待的事。为了让宝贝发展得更好，爸爸妈妈无不铆足全力，给他最好的环境，期望宝贝可以早点儿说话。

美国华盛顿大学大脑与学习科学研究所联合所长帕特里夏·库尔博士研究发现，如果在八至十个月时给予婴儿丰富的语言刺激，可以让宝宝学习语言的速度更快，更早开口说话。这个实验中有一个对照组，组中婴儿面对的语言提供者不是真人而是电视，他们的语言能力则完全没有提升。为什么使用了同样的教材内容，学习效果却有这么大的差异？因为学习语言时，小宝贝最需要的不是昂贵的教材，而是你。

小婴儿学习语言时，只对真人感兴趣。正是因为想与你互动，他才会努力地学习与记忆。语言是一种社交技巧，如果没有互动是永远学不会的。你才是孩子学习语言最重要的因素，而不是教材多或者少。

宝宝说话的关键

关键❶　眼神接触

小婴儿在大约六个月大时，就可以清楚分辨出主要照顾者与其他人的不同，对妈妈的声音特别感兴趣，只要一听到或看到妈妈，就会开心地微笑。倘若妈妈抱着小宝贝时，故意避开眼神交流，他就会因为感觉到被拒绝而哭闹。所以，**抱着小宝贝时，请多直视他的眼睛，跟他多说话，这就是最好的教导。**如果抱着孩子，却不和他眼神接触，就算抱上二十四小时，也没有任何帮助。

关键❷　表情模仿

我们一直以为给孩子听大量的音频，让他尽早接触多种信息，就能提高他的表达能力，其实，这样的方法只是给他提供了素材，却忽略了**学习语言的两个重要条件：一是声音分辨，二是口形模仿。**还不会爬的小宝贝，喜欢看着妈妈的脸、听着妈妈说话，尝试模仿妈妈的表情。通过与妈妈的互动练习，学会控制脸部肌肉动作。这不仅是单纯地做出逗你开心的行为，更是他在一岁半时能否牙牙学语的关键。

关键❸ 口腔动作

发音是否准确，取决于呼吸与舌头动作的精确配合。舌头动作越灵巧，宝贝开口说话的速度就越快。提高宝贝口腔动作的灵巧度，与食物的复杂程度密切相关。如果宝宝一直都只吃糊状物，只需要大口一吞就可以了，没有练习机会的舌头就会越来越懒惰，说话当然就不灵。爸爸妈妈要记得，给宝宝增加辅食，不只是为了摄取营养，更是为了口腔动作的发展。

小婴儿并非是一张白纸，天生拥有强大的学习模仿能力，绝不是只会吃吃睡睡而已。当小宝贝还不会爬，只会睁大眼睛看着你、朝你微笑的时候，此时的他也正在学习，学习模仿各种表情，学习如何控制自己的微笑。

你的存在就是吸引小婴儿最强烈的力量，因为他知道，如果没有你，他是没办法自己长大的。我们习惯说话，却忽略了要看着孩子说；我们习惯做家务，却总是将孩子关在安全防护栏里；我们忙着照顾孩子，却没有时间坐下来陪他一起玩。

陪伴并不是只坐在孩子的身边却不互动，也不是忙着做家务让孩子自己玩，而是与孩子眼神交流，一起分享、一起玩儿游戏。通过与你的互动，孩子学会模仿你的声音与语言表达技巧，为日后和他人沟通打下基础，也能间接培养情绪专注力。

二 专注力发展：3~4 岁

11 行为
总是爱挑食

12 行为
不爱打招呼

13 行为
爱随处涂鸦

三至四岁，孩子开始从依赖走向独立，从黏人迈向勇于探索——这是一个矛盾的年龄段，也是一个令爸爸妈妈头痛的年龄段。

宝贝学会说话后，开始越来越喜欢表达自己的想法，开始探索这个世界。这时的宝贝就像个“猎食者”，对所有没见过的事物，都抱持着无与伦比的兴趣，地上的叶子、路边的花朵、树上的小鸟，都深深地吸引着他！他迫切而渴望地学习一切新事物，来满足自己的大脑。

14 行为
什么都害怕

15 行为
讨厌短蜡笔

16

行为

拒说“对不起”

17

行为

拖拉不肯睡

但是宝贝的欲望往往比他的能力还要强大，当然也就比较容易出现问题、闹脾气。此时宝贝更需要爸爸妈妈的耐心陪伴。爸爸妈妈在此阶段最重要的工作，就是陪宝贝养成早睡早起的好习惯。试想一下，如果大家专心做事时他想睡觉，别人想睡时他却想专心做事。怎么会有良好的专注力呢？

专注力不是与生俱来的，而是要靠爸爸妈妈培养的！

18

行为

共读没耐心

19

行为

讨厌看牙医

20

行为

凡事抢第一

行为 11

总是爱挑食

降低敏感度，提升饮食均衡力

挑食是爸爸妈妈们最常向我咨询的一个问题。为什么孩子总是爱挑食？并不是他故意闹脾气、不配合，而是挑食的背后隐藏着发展的秘密。

对于杂食性动物而言，可以食用的食物非常多，虽然这样能更广泛地猎取食材，但同时也伴随着更高的风险，吃错食物可能会中毒。因此杂食性动物在幼儿时期，会整天黏在爸爸妈妈身边，爸爸妈妈吃什么就跟着吃什么，学习哪些东西可以吃，哪些东西必须避开。离开爸爸妈妈身边后，他们也只吃这些食物，直到比较成熟后，才敢尝试之前没尝试过的新食物。

人类也是如此。三岁前尝试过的味道，长大后就会习以为常，而不会出现抗拒的情况；对从未接触过的味道则会比较抗拒，一直要到十二岁之后，才会渐渐改变，想要尝试新味道。孩子是否挑食，与幼儿时期的食物丰富性有着密不可分的关系。

爸爸妈妈可能会想问，如果孩子已经五岁了，挑食这个坏习惯是否就已经没救了？请爸爸妈妈不用太着急，这个年龄段已经出现挑食行为的孩子，行为还是可以改善的，只是需要花费更多的时间与精力，慢慢引导而非强迫。

挑食告诉我们的口腔信息

信息❶ 口腔触觉过度敏感

食物除了味道，还有口感，就是它在口腔里的感觉。如果孩子口腔触觉过度敏感，一点点粗粗的感觉都令他不舒服，他对纤维较多的食物就会产生抗拒。那就像吃到沙子一样不舒服，当然直觉地就想吐掉。

建议爸爸妈妈在帮孩子刷牙时，拿纱布包着手指，在他的牙龈上按摩，降低他的口腔敏感度，帮助他接纳不同口感的食物。

原因❷ 味觉过度敏感

有些人对味道过于敏感，一点点儿气味的变化，都可以立即察觉，导致食物带点苦味、土味或涩味，便会产生抗拒而不愿意吃。就像我们吃罗非鱼时，烹调时多用红烧，很少清蒸，就是担心会有土味，影响食欲。

面对不爱吃青菜的孩子，爸爸妈妈可以先选择一些味道较清淡的青菜，或者用调味料遮盖住青菜的特殊味道。先让孩子找到最喜欢吃的一种青菜，就会越来越愿意吃青菜了。

原因❸ 舌头侧翻不灵巧

我们吃饭时，除了要用牙齿咬断、磨碎食物外，还要靠舌头反复侧翻，把食物变成一个“食团”，才容易吞下。**如果孩子的舌头动作不是很灵巧，吃叶菜时很容易因为食团成形不佳，而留下一个“小尾巴”，结果一吞下去就噎到了，当然也就不喜欢吃青菜。**

这时，爸爸妈妈可以把青菜切得碎一点，或选择口感较脆的青菜，让孩子容易咬断。这些都是可以让孩子更愿意吃青菜的变通方法。

了解孩子才可以帮助孩子。面对孩子的行为问题，爸爸妈妈要做的，不是讲大道理，也不是强迫或威胁，而是需要用心地引导。孩子挑食请先不要责备他，如果让用餐时光变成战场，就算人间美味摆在眼前，也会让人食之无味。

克服挑食并不难，请带着孩子一起去采购食材，让他认识更多的蔬菜、肉类与水果，卸下对陌生食物的戒备心，孩子自然就会比较愿意接受口感各异的食物了。

行为 12 不爱打招呼 理解害羞的原因，提升人际交往力

面对害羞的孩子，请不要急着要求孩子打招呼，也不要一开始就给他热情的拥抱，而是应该多给孩子一点儿适应的时间。

试想一下，乘公交车时，如果有一个不认识的人一直很热情地和你打招呼，还不停地想靠近你，你会觉得很舒服，还是会想与他保持距离？孩子的感受也是一样的。特别是当孩子开始认人之后，对陌生人的“感应雷达”会越来越明显，从而保持警戒。当孩子遇到对他而言是陌生人的人时，请先尊重孩子的感觉，不要急着强迫孩子打招呼。

孩子在四岁以前，适应能力尚未成熟，到了新环境往往需要多一点儿时间来熟悉，偶尔会有害羞、退缩的情况，有时甚至会出现哭闹或者逃避的行为。这时，请不要刻意放大孩子此刻的反应，应该先提醒自己保持平常心，这样孩子反而不容易紧张。请给孩子多一点适应时间，而不是抱怨孩子没礼貌，更不要因此而觉得没面子转而责备孩子，那样只会让孩子感到挫折，更加不愿意与别人打招呼。

孩子不敢打招呼的原因

原因❶ 对称谓混淆

小小孩在记忆时，需要一个一个地配对。就像是面对奶奶与外婆，若两个人都叫“阿嬷”，会让孩子觉得很不自在。为什么两个人都用同一个“名称”？当他出现困扰或者混淆时，会因记忆上的困难而引发焦虑。**这时最简单的方式就是在称谓前加上一个地名，就可以帮助孩子区辨，方便孩子记忆，也会让他有安全感。孩子很可爱的，只要记住名字，就会觉得那个人是熟人了。**

原因❷ 担心被注视

有些孩子被陌生人注视时，会害羞、退缩，因此出现闪避的情况。这有点儿像我们在照相时，如果心情感到紧张，连微笑也会变得僵硬。这时如果要求孩子必须盯着别人的眼睛看，孩子往往会产生抗拒行为。这时我们可以运用一个小技巧，拿一张贴纸贴在陌生人的额头上，和孩子说先不用看对方的眼睛，引导孩子看向贴贴纸的地方。这样既能让孩子感到安心，又能看着人，就不会被责怪或者误解了。此外，平时多给孩子照相，也是很好的练习哟。

原因❸ 觉得很陌生

对爸爸妈妈来说很熟悉的亲戚，对孩子而言如果不常见到，依然是很陌生的人。**两岁前的小小孩对“熟人”的定义与我们不同，睡觉起来依然存在的人才是熟人。**随着科技的进步，我们可以多带孩子看看亲戚们的照片，或通过网络视频等方式，让孩子有更多机会接触亲戚。当孩子熟悉了，也就不容易怕生，自然就会愿意打招呼。

害羞并不是一个问题，内向的孩子也不见得就会出现人际交往的困扰。外向的孩子或许更容易交到朋友，但在与朋友们关系的维系上，往往不如内向的孩子。

内向的孩子善于内省，会主动调整与修正自己的行为。请爸爸妈妈先看孩子的优点，不要急着改变孩子。这样才能找到更适合孩子的教导方式，做出正确的引导。

行为 13

爱随处涂鸦

鼓励多写多画，培养孩子手腕灵巧度

笔对于小小孩而言，就像是一个魔法棒。他们用笔将各种各样的幻想画出来。虽然爸爸妈妈看不太懂这些创作，孩子们依然乐在其中。小小艺术家完成了一幅作品之后，会很有成就感，爸爸妈妈也会很开心。可是为什么孩子那么喜欢在墙壁上乱涂鸦，却不愿意画在纸上呢？

按照美术教育心理学者罗恩菲尔德对儿童绘画的分类，一至四岁的孩子，正处于生理发展上的涂鸦期，也称为“错画期”。这时的幼儿常常一拿到笔就乱画一通，开心地将线条和色块组合成一个又一个图案，甚至还会为图画命名。爸爸妈妈常常想不通，明明给了他纸张，怎么他还偷偷地在墙上、沙发上画呢？

孩子爱随处涂鸦的原因

原因❶　无法预期后果

二至四岁的孩子是活在当下的，还没有办法预期后果。这时的他，只看得到眼前具体存在的物品，比如，看到前方有支笔，就会想到要画画儿。他的手一碰到笔，大脑就会告诉他的手“要画画儿”。此时只要是他判断可以作画的地方，就会跟着直觉画下去。因为他还不能把画画儿与纸联系在一起。如果放笔的桌上没有铺上一张纸，他就会直接画在桌面上，结果自然就是被爸爸妈妈批评。解决方法很简单，将纸和笔同时放在一起，让孩子拿到笔就可以在纸上画画儿。此外，直接在桌上贴一大张白纸，也是个不错的方法，便于孩子尽情地挥洒创意。

原因❷ 手腕力量不佳

有时候，即使我们给了小小孩图画纸，他们也不愿意在纸上画，反而硬是要画在墙壁上、沙发上。这个让爸爸妈妈百思不得其解的问题，根源其实是孩子的手腕力量不足。**拿起画笔在垂直面上作画，可以给手腕额外的支撑，画出来的才会比较漂亮。**孩子比我们更清楚怎么才能让自己画得更好看。所以请不要责怪孩子乱涂鸦，他只是想让你看到更好看的画而已。

解决方法很简单，准备一个画架，或者将图画纸贴在墙上，让孩子有可以发挥创意的地方。

原因❸ 运笔技巧练习

涂鸦是孩子发展的必经阶段。通过拿笔随意描绘线条、涂色块，孩子可以熟练运用自己的上臂、前臂、手腕和手指。从

爸爸妈妈的鼓励中获得动力，孩子才会愿意继续反复练习，直到能够熟练精确地控制手中的那支笔。孩子涂鸦不只是在练习画图，更是为日后拿笔写字做准备，我们应该称赞孩子多么认真，而不是给予责备，不是吗？

从儿童发展的角度来看，小小孩的精细动作尚未成熟，他们通过涂鸦和绘画，渐渐熟练如何控制运笔。他用小手，随意涂上几个圈，任意添上两三条线，就变成了一朵小花；再补上几笔，又变成了小狗。虽然最后画出来的经常与他最初说想画的东西毫无关系，但那又有什么关系呢?

孩子需要的是引导，而不是限制。当他随意挥洒创意时，请爸爸妈妈抱着欣赏的态度，多给孩子一些鼓励。请在家里的墙上预留一个可以涂鸦的空间，拿起笔恣意创作是孩子正式练习写字之前最好的运笔练习活动。

手腕灵巧与否，是孩子日后写字有咩有效率的关键。如果孩子写一下就手酸，又怎能专心写字呢?

行为14 什么都害怕

用陪伴孕育勇气，用勇气培养探索的内在动机

恐惧是一种很强烈的原始感觉。人们受到不熟悉的刺激威胁时，会自动做出保护自己的反应，产生害怕的感觉。害怕就像是大脑里的警报器，提醒我们注意那些不寻常刺激物的出现，让我们保持警觉状态，以免遭受危险。特别是四岁以下的孩子，因为自我保护能力尚未成熟，特别容易害怕。

如果刺激物一直存在，就会引起“攻击逃跑反应”。孩子会想拉着你想要离开，甚至出现哭闹不止的举动，直到刺激物完全消失才会停止。当孩子感觉恐惧时，最需要的是爸爸妈妈紧紧拥抱，给予他所需要的安全感。

恐惧并不是一种完全负面的情绪，它是维持生存所必须具备的基本能力。试想一下，如果一个孩子不知道害怕、搞不清楚危险，带他出门后，他一会儿想冲过马路，一会儿想站到桌子上，你觉得这样好吗？面对孩子的害怕表现，请不要过度责备孩子，为他贴上“胆小鬼”的标签。从另一个角度看，孩子小心谨慎，不一定是坏事。

面对容易害怕的孩子，请这样帮助他

帮助❶ 给予安全

当孩子感到恐惧时，最需要的就是你给予的安全感。请抱起孩子，让他知道你会陪伴在他身边，不会离开或消失。你的安慰与鼓励，能帮助孩子鼓起勇气。千万不要对他说“再哭我就不抱你！”那只会让孩子更加恐惧，更加哭闹不止。

帮助❷ 转移注意力

孩子感到害怕时，往往会一直盯着刺激物，结果反而越来越紧张，越来越害怕。**此时请先引导孩子将注意力转移到不会害怕的事物上，**例如：如果孩子害怕舞台上的小丑，可以请他找一下姐姐或妈妈坐在观众席的哪里。通过引导，让孩子的视线先离开小丑，在寻找的过程中，情绪就会渐渐平稳下来。

帮助❸ 与刺激物保持距离

让孩子与刺激物保持距离，这时请不要提“勇敢”“可怕”“胆小”这些词汇，而是给孩子足够的观察时间。保持适当距离后，他的安全感会渐渐加强，就会发现刺激物其实并没那么恐怖，自然也就会愿意尝试接近。**孩子有时并不是真的害怕刺激物，只是需要多一些适应和熟悉而已。**

当然有时候孩子感到害怕时，我们无法立即带他离开刺激物以摆脱恐惧，这时，请不要强迫孩子，要求他做出让他更没有安全感的举动，也不要嘲笑孩子，因为这样的举动不会有任何帮助，还会让孩子变得更胆小。

勇气中有很大一部分是谨慎小心，而不是义无反顾地往前冲。你的陪伴是孩子的依靠，也是孩子产生安全感与勇气的来源。孩子会在生活中一步一步克服恐惧，学会拥有勇气。

给孩子充分的安全感，帮助他鼓起勇气探索新世界，才能让他对新事物保持充分的好奇心。这样的内在动机，就是他未来专注力的基础。

行为15 讨厌短蜡笔

断掉的蜡笔，是促进精细动作的良伴

孩子拿着蜡笔画画儿时，经常一不小心就会将蜡笔折断。往往画不到两三张，一盒蜡笔就断了一半。许多爸爸妈妈可能会想：蜡笔很便宜，再买盒新的就行了。我们都希望给孩子最好的，但这样真的就是对他好吗？给孩子买新东西，就是对他最好吗？

也许你不知道，短短的旧蜡笔，远比长长的新蜡笔，可以教导孩子更多。新蜡笔，孩子只要一把抓起来就可以涂涂画画，如果力道控制不好，很容易一下子就断掉；旧蜡笔不到三厘米，无法一把抓起来，反而可以帮助孩子训练更多的能力。

短蜡笔的价值

价值❶　增强指尖力量

旧蜡笔短短小小的，孩子不能用五根手指一把抓握，而是需要用手指捏住。**用短蜡笔画画儿，可以诱使孩子使用手指尖握着，恰好能训练指尖肌肉力量，为日后精细动作的发展打好**

基础。如果孩子从来都没用过断掉的短蜡笔，怎么会有机会练习用指尖捏住的动作？

价值❷ 让手指更灵巧

我们的手指，每天都会不断地执行动作，前三指负责动作，末两指负责稳定。**通过用短蜡笔画画儿，孩子能学习准确地捏起纽扣、弹珠等小东西，将来可以控制好拿汤匙与铅笔等动作。如果孩子每次都是用五根手指一把抓的方式拿东西，又怎能做到灵巧地分开手指拿东西呢？**

好处❸ 懂得爱惜物品

当了爸爸妈妈之后，我们经常唯恐为孩子做得不够多：担心孩子没穿暖，帮他添衣服；担心食品不卫生，为他烹饪餐点；担心孩子学不好，为他精选教材。**我们处处从孩子的立场出发，为孩子着想，但有个重要的理念要记住——新，不等于就好。**对孩子有帮助的才是好的，跟价格高低、东西新旧，一点儿关系也没有。给孩子过多的东西，会令他难以理解“珍惜”的意义，还有可能减少他该做的能力训练。

请不要再将断了的蜡笔扔掉，而是帮孩子把它们整齐地放回盒子里排好。带着孩子一起，拿起短短的蜡笔涂涂画画，尽情地画出各式各样的图案。让孩子在与你游戏的过程中，锻炼出良好的手指力量吧！

当我们一心一意地想给孩子最好的生活时，可能会在无意间剥夺孩子练习的机会，反而让孩子的发展受到限制。等到孩子长大后，我们又抱怨他不知满足。

带孩子不是一味地顺着孩子，那不是民主而是放任。孩子需要我们正确的引导，才能顺利平安长大。

行为16

拒说“对不起”
消除可能受罚的阴影，安定情绪让认错变容易

试想一下，两姐妹在蹦床上玩儿，非常开心，姐姐跳起来时，一不小心撞到低头的妹妹，妹妹被撞到鼻子，痛得哇哇大哭。看到妹妹大哭，姐姐非常着急，一方面想安慰妹妹，另一方面又想解释自己不是故意的。这时让姐姐说声“对不起”，她就像一台坏掉的录音机，完全出不了声，整个儿卡在那里。是孩子没有礼貌，喜欢狡辩吗？不是的啊，爸爸妈妈别误会，孩子只是担心自己犯错，而卡在那里，不知该如何是好。

上述的情景，是孩子玩耍时很容易出现的情况，就是个单纯的意外，没有所谓的谁对谁错。在这个时候，要让姐姐说“对不起”，是基于无心将妹妹弄疼的礼貌，并不是因为姐姐真的做错事了需要向妹妹郑重道歉。但孩子的小脑袋瓜想的却不是如此，她的心里是这样想的——我没有做错事，所以不应该说“对不起”。

孩子不愿意说“对不起”的原因

原因❶　担心受处罚

孩子都希望在爸爸妈妈面前表现得很好，三至四岁的孩子特别担心自己会因为犯错而不被疼爱。如果大人用很凶恶的眼神盯着孩子，还大声说：“做错事，就要说‘对不起’”，往往会让孩子产生焦虑情绪，接着就开始哭闹起来，反而更难说出“对不起”。这时，爸爸妈妈要做的其实很简单，就是承诺孩子不会受到处罚，让孩子先将情绪安定下来，自然就比较容易说出“对不起”。

原因❷　觉得自己被误会

觉得自己没有犯错误又被强迫道歉时，孩子往往会出现抵抗的情绪。一般有两种情况：一是意外事件，二是搞不清状况。在这样的情况下，**孩子常常不愿说“对不起”，是因为他觉得开口说“对不起”就是承认自己做错事了。**此时，请爸爸妈妈不要执着于谁对谁错，硬让孩子说出对不起，二是应该先安慰正在哭泣的那个孩子，让另一个孩子（意外制造者）暂时等待，等到一切都稳定下来后，再和孩子说明事情发生的原因。

原因❸ 搞不懂礼貌用语

“对不起”其实有两种用法，一是犯错要向人道歉，另一种是麻烦别人的客套话。三到四岁的孩子常常觉得自己没犯错，所以当他们不小心撞到人、踩到他人的脚，怎么都不肯说“对不起”。这时爸爸妈妈可以跟孩子说：“说‘对不起’，不是因为你犯错，而是因为你比较有礼貌。”这样孩子就会比较愿意说出对不起。

当孩子不愿意说“对不起”时，请先了解孩子是怕犯错而不是在闹脾气。爸爸妈妈不是驯兽师，教导孩子时也不是越凶越严格就越好。如果孩子心里有了“只要认错就一定会被处罚”的阴影，自然就会变得越来越不愿意说“对不起”。

请帮孩子树立一种观念，就是说“对不起”是一种礼貌，不是判定谁对谁错。我们要教孩子解决问题的方法，而不是通过严厉处罚，让他在恐惧中被迫向人道歉。

自信和动机是专注力的基石。过度高压的责备，虽然当时可能会有立竿见影的效果，但从长期下来，对专注力的培养却是不利的。

行为 17

拖拉不肯睡
三管齐下，用优质睡眠打造专注力

明明到了该上床睡觉的时间，但孩子就是万般不配合；已经十点了，孩子还是躺在床上拼命说话，真的会气死人。硬逼着孩子睡觉的过程，简直就像打仗一样累。为什么孩子就是不肯早睡呢？

随着工作性质的变化，我们的生活已经脱离了早上六点起床、傍晚五点回家吃饭的作息。绝大多数的人，都是九点上班，不知道几点下班。不知不觉中，我们的生活作息时间越来越往后挪了，而生活在同一个屋檐下的孩子，自然也会受到影响，越来越晚睡。这并非是孩子赖皮、不愿意配合，而是我们常常会忽略一些帮助睡眠的准备工作。

让孩子准时入睡的妙方

方案❶ 下午安排适当的运动时间，消耗体力

让孩子早睡的关键，不是我们让孩子几点上床睡觉，而是几点叫孩子起床。如果孩子神采奕奕的像一节充满电的电池，

即使我们把他按在床上，他也会翻来覆去好久，不能入睡。随着孩子年龄的增长，四五岁时的体力明显会比三岁前的更好，如果下午没有出去跑跑跳跳地运动个一小时，晚上往往就不容易好好睡觉。**让孩子准时入睡的重点，不是规定他几点必须去睡觉，而是帮他安排适量的运动时间，调节体力。等到孩子的**能量耗尽，自然就会乖乖去睡觉了。

方案❷ 就寝前将灯光渐渐调暗

影响睡眠最重要的因素，不是时间而是"光周期"。我们的睡眠周期是由太阳起落形成的光亮与黑暗调节的。如果二十四小时都灯火通明，我们的睡眠周期就会收到干扰而混乱。想培养孩子良好的睡眠习惯，请务必在天亮时拉开窗帘，睡前调暗灯光。研究还发现，电子产品屏幕发出的蓝光，波长与太阳光相似，如果睡前看上三十分钟，也会破坏睡眠周期，导致孩子难以入睡。

方案❸ 睡前一小时，不要玩儿过度兴奋的游戏

孩子对自己身体的疲劳状态不敏感，见到爸爸妈妈总是开心兴奋，在身体疲惫又兴奋过度时，会出现失控的情况。爸爸妈妈千万要记住，睡前一个小时内，不要跟孩子玩儿会让他兴奋的游戏。如果希望孩子早点睡，也不要在睡觉前拿

出新玩具给他看，那会让孩子陷入两难的状况。如果给了孩子新玩具，孩子怎么也得玩上一个小时才肯心甘情愿地上床睡觉；如果不给他玩，即使孩子躺在床上，心里还是惦记着玩具，嘴里也会嘀咕个不停。**无论哪种情况，最后的结果都是让孩子的入睡时间往后延迟一到两个小时，反而搞得不欢而散。**

研究证明，干扰孩子专注力最重要的因素，就是睡眠不足。在孩子幼儿期帮助孩子建立规律的生活周期，是爸爸妈妈的首要工作。

孩子的生活周期其实比成人的更规律。但这样的规律性，需要爸爸妈妈用心引导才能培养出来。要孩子早点儿上床睡觉并不难，避免设下不易入睡的陷阱，孩子很快就可以准时上床睡觉了。

行为 18

共读没耐心
善用手势与动作，让孩子爱上听爸爸讲故事

近年来亲子共读的风气越来越兴盛，我常常听到许多爸爸担心自己故事讲得不好，往往将讲故事这件重要的事视为妈妈的专属工作。其实不然，国外研究发现，爸爸讲故事的效果往往比妈妈更好，可以让孩子更喜欢听故事，有助于提升日后的阅读能力。

仔细阅读这篇研究，发现影响研究结论的主因不是性别问题，而是讲故事的方式。心思细腻的妈妈拿起绘本讲故事时，往往会注意每一个细节，要求自己每个字都不说错。而爸爸讲故事时则常常心随意走，完全不照剧本，还会添加大量手势，语调也很夸张，让孩子感到更加新奇，从而更专注地聆听。

专家是这么比喻的：妈妈讲故事，就像一部文艺爱情电影，强调细节与对话，还隐藏着许多隐喻；爸爸讲故事，却像科幻动作片，会出现夸张而无厘头的情节，剧情让人猜不透，所以更加吸引人。只能说，风格不同，效果自然也就不一样。

爸爸陪伴孩子共读的不同之处

不同❶ 不同的故事风格

相比妈妈，爸爸在讲故事时，往往肢体动作较多，**借助手势和动作，更容易吸引孩子的注意力，听得更认真。**爸爸不用担心自己讲得是否流畅，也不用刻意模仿妈妈的风格。请用自己的方式讲，让孩子明白，就算同一个故事，从不同人的口中说出来，也会有不同的感觉。孩子们很快就能察觉，每一个人都有不同的想法，表达的方式自然也会不一样，也就自然而然地会明白，同一件事有不同的说法，日后更能举一反三。

不同❷ 培养创造力

爸爸讲故事时常会东拼西凑，不按原文讲，让孩子忍不住抢着说正确的故事。**让孩子自己讲故事，既可以练习表达力，也能培养创造力。**即使孩子说错了，爸爸也不用纠正，只要适时引导一下，就会让孩子继续讲下去。父子（父女）间的共读时光，常常一开始是爸爸讲故事，最后变成爸爸听故事，这也是另外一种惊喜，不是吗？

不同❸ 适当的角色诠释

研究发现：**和孩子讲关于勇气的故事时，爸爸会做出更好**

的角色诠释，让孩子们更加相信，自己也能拥有克服恐惧的勇气，使孩子变得更加独立。孩子在四到五岁时，会特别迷恋爸爸，觉得爸爸是“世界上最厉害的人”，在这么重要的成长阶段，千万不要因为忙碌而缺席。请趁着孩子黏着你、模仿你和崇拜你的时期，带着孩子一起看书，引导孩子喜欢上阅读。

亲子共读不是妈妈一个人的工作，爸爸们有空也要放下手头的事情，讲一个个精彩的故事给孩子听。其实孩子们一直都很期待爸爸的故事，而不只是回家的一个拥抱。现在就让我们拿起书，给孩子讲一个床边故事吧！

行为 19

讨厌看牙医

爸妈的表情，影响孩子接触新事物的意愿

孩子不喜欢刷牙，每天刷牙就跟打仗一样，究竟为什么呢？明明有蛀牙很不舒服，孩子却坚持不去看牙医，这又是为什么呢？

触觉是我们人体非常重要的一大感觉系统，而口腔与面部是触觉非常敏感的地方。触觉过度敏感的孩子，往往很不愿意把刺刺的牙刷放进嘴里。这时越是强迫或威胁孩子，他就会越抗拒，到最后演变成激烈的冲突。就像是洗澡时，不让你用沐浴球，应邀你用丝瓜瓤洗澡，你会觉得舒服吗？

了解孩子的感受是帮助孩子的第一步。口腔、脸部的触觉较为敏感，我们可以用食指指腹按摩孩子的嘴唇四周，间接刺激牙龈，降低敏感度，同时，选用比较柔软的细毛牙刷，孩子的接受度高，自然就会比较愿意配合。

如果孩子不幸有了蛀牙，必须去看牙医了，也请爸爸妈妈不要过度责备。你可能不知道，导致孩子不愿意看牙医的最重要的因素，其实是爸爸妈妈的表情。

孩子不愿意看牙医的原因

原因❶ 怕被责备

三至四岁的孩子特别担心做错事，也很怕被责备。所以去看牙医前，请爸爸妈妈暂时不要和孩子说“你就是不乖乖刷牙……”之类的话。孩子会因为担心被责备，而更加抗拒去看牙医，加上又不清楚牙医究竟会对他做什么，很容易产生焦虑情绪。先暂时收起你的责备，和孩子说：“牙医会把你的牙齿变漂亮”，这样才会让孩子更容易接受。

原因❷ 听觉敏感

有些孩子对声音很敏感，听到不熟悉的声音会很害怕，抗拒吸尘器、吹风机工作时发出的声音。这类的孩子在看牙医时，听到钻头转动的声音，会觉得浑身不舒服，而出现抗拒的行为。可以在家里先让孩子熟悉一下这些电动工具的声音，比如让孩子帮自己吹吹头发、使用吸尘器，甚至在大人协助下操作电动螺丝刀。先降低孩子对这类声音的抗拒程度，再去看牙医就比较容易成功。

原因❸ 爸爸妈妈的表情

孩子对新事物的态度，容易受到爸爸妈妈表情的影响。据

《国际儿童牙科杂志》报道，孩子是否害怕看牙医，与爸爸妈妈对看牙医的态度，特别是爸爸的反应有关。带孩子看牙医时，请爸爸不要故意做出害怕或恐惧的表情来逗他，不然将会变成一场大灾难；保持愉快的心情，给予孩子安全感，才是最好的方式。

孩子的情绪是与爸爸妈妈的情绪联结在一起的。平时与孩子互动时，请尽可能保持积极情绪，不要常常不经意地流露出紧张的表情，那会导致孩子在心中建立错误的联结。请按照孩子的年龄，培养他自己刷牙的好习惯。三至六岁的孩子，虽然自己会刷牙了，但依然需要爸爸妈妈的协助与检查；一直要到七岁以后，孩子才能完全独立地把牙齿刷干净。

最后提醒大家：尽量不要让孩子吃零食，那才是导致孩子生蛀牙的元凶。

行为 20

凡事抢第一

觉得自己很厉害，是自信心发展的必经阶段

孩子做任何事都想当第一，吃饭、取东西、玩游戏、上楼梯、洗澡等，都想当第一。伴随着“抢第一”行为的，往往就是许许多多大大小小的争执。孩子得到第一后，往往非常开心，而一旦得不到第一，就会出现哭闹或生气等负面行为。

孩子在三到四岁时，开始进入自信心发展阶段。在这个阶段，孩子通过模仿大人与自己互动的过程，发展出良好的自信心。这时他会觉得自己是所向无敌的，并期望自己变得越来越厉害。他们的表现，不外乎是通过更多的尝试与学习，吸收新知识，期望自己成为最厉害的那一个。抢第一并非是孩子变坏了，而是一个很正常的过渡阶段。

当孩子因为没有得到第一而闹脾气时，请爸爸妈妈先不要责备孩子。这不是他故意闹脾气，而是因为害怕自己变得不棒、不厉害而产生的负面情绪。三四岁的孩子，情绪尚未分化完成，还无法正确地表达自己的情绪。在这样的表征下，很容易会被误以为是脾气坏的孩子。

孩子“抢第一”的原因

原因❶ 自信心发展阶段

三四岁的孩子非常在意自己的表现，很喜欢学大人做事，觉得自己不再是个小孩儿，已经变成大人了。**随着模仿过程，孩子觉得自己每天都变得更厉害了，渐渐培养出良好的自信心。**由于孩子急切地想要获得自信心，容出现想赢过别人的情绪，从而出现争抢的行为。这时候，可以采取帮孩子分组的方式，让每个孩子都有奖，减少孩子间的冲突。

原因❷ 类化概念的萌发

当孩子开始学会分类，他会将“好的”和“坏的”分为两组，但分类过度简化，这导致孩子对“小朋友”“弟弟”“妹妹”“小的”等带有比较意义的词汇特别敏感。常常会因为被喊了一声“小弟弟”或者“小妹妹”，就突然觉得自己不厉害，自信心遭受打击而莫名其妙地哭闹起来，还会一直说“我不是小弟弟，我是大哥哥”之类的话。这时不要和孩子讲道理，而是不要再用小名，改用本名称呼他，这样即可化避免生活中可能会出现的小冲突。

原因❸ 情绪控制力未成熟

五岁前，孩子还不能妥善地控制情绪，需要适当的外在帮助。请不要一直耳提面命地告诉孩子“要控制好自己的脾气”，而应教给孩子适当的方法，帮助他获得成功经验。当孩子情绪失控时，可以先适时转移他的注意力，等他的情绪稳定后，再做后续处理。这往往会比只跟孩子讲大道理，更容易让他学会控制情绪。

我们必须知道：“抢第一”不是一件坏事，它是孩子主动学习、寻求表现机会的一种表现。请不要强硬地不许孩子“抢第一”，以免导致孩子的自信心受到压抑，可能会让他日后变得被动，到时反而得不偿失。

帮孩子培养出足够的自信心，引导孩子学会排队与轮流，让每个孩子都有机会当第一，问题自然而然也就解决了。

三 专注力发展：5~6岁

21 行为 **爱挑三拣四**

22 行为 **欲望无限大**

23 行为 **不愿意上学**

随着动作、语言、社交能力的成熟，孩子就像一个小大人，有时甚至会说出一些让成人惊讶不已的话语，逗得爸爸妈妈很是开心。

这个时期的孩子开始脱离家庭保护，尝试融入集体生活。在与朋友的互动过程中，学习坚持与妥协。在反复练习的过程中，学会控制自己的欲望，并且遵守社会规范。

24 行为 **手足间争吵**

25 行为 **弄不懂拼音**

26

行为

趴着写作业

27

行为

开始说谎话

这个年龄段也是孩子学习责任感的关键时期，孩子需要通过做事学会对自己的行为和工作负责任。在做事的过程中，孩子集中注意力的时间也会渐渐得以延长，而这恰恰是培养孩子持续性注意力的关键。如果此时的他仍然衣来伸手、饭来张口，不练习做事，哪里有机会培养专注力呢？

随着孩子越长越大，请爸爸妈妈不要凡事都帮孩子做好、做足。让孩子自己动手，才是更好的疼爱方式。

28

行为

想要当“老大”

29

行为

有攻击行为

30

行为

啰唆讲不停

行为 21

爱挑三拣四

简化选项，培养选择性注意力

前些日子，我家原本一直为宝贝们准备早餐的妈妈，由于得一早去上班，将准备早餐的工作转交给奶奶。通常只需要准备两份一样的早餐就可以了，但爱孙心切的奶奶准备了四五样不同的早餐，希望宝贝孙女们喜欢什么就吃什么。

奶奶出于好意的多选早餐，带来一个非常有趣的画面：两姐妹莫名其妙地吵起来了。妹妹一边哭着，一边追着姐姐跑；姐姐一边跑着，一边把蛋糕卷拼命往嘴里塞。出现这种情景，并不是因为孩子爱吵架，也不是姐妹俩不会礼让，而是我们无意中给孩子挖了个陷阱让孩子跳。

对孩子而言，超过三个选项的选择，就是陷阱。当可供选择的数量过多，超过孩子的处理能力，他们就无法判断出自己真正想要的东西，而更倾向于选择别人所做的决定。结果可想而知，只要一个选 A，另一个就会跟着选 A；一个选 B，另一个就会跟着选 B。自然就会引发一次又一次的争吵，因为两个人老是做出一样的决定。

就像我们去超市买瓶厨房清洁剂，架上满满当当地陈列了十多种不同品牌的产品，又是含有机成分，又是去污力超强，又是价格最优惠的，你会决定买哪一个呢？这往往需要花一些时间思考，甚至要拿出手机搜索一下，看看网友们的使用心得，比较一下哪种更好用。更多时候，就干脆先不买了，等下次有空再买吧。如果只有三个品牌呢？一下子就可以做出决定，不必费时间思考半天。

这个道理再简单不过，但我们却常犯同样的错误，以为提供多种选择是尊重孩子的自主意愿，但这其实是在为难孩子。就像回答选择题，如果只有 ABC 三个选项，选起来自然比较容易。但如果出题老师特别费心，给每道题都增加了 DE 选项，是不是觉得更难选了？我们就常在无意中“好心”地制造这种麻烦，却又错怪孩子不肯配合，让自己气得要命。

选择逻辑和年龄有关

选择逻辑 ❶　两岁的孩子：选择最后面的

两岁孩子最喜欢说“不要”。不论你向他建议什么，他的回答常都是“不要”。**如果非要他选，因为短期记忆尚未成熟，他常会选居后的那个。**爸爸妈妈可以善用他此时的这个特质，把你希望他选的那一个放在最后面。

选择逻辑❷　三岁的孩子：选完容易后悔

三岁左右的孩子已经可以通过判断作选择了，但是因为预期能力尚未成熟，常选完就后悔。比如问他想吃苹果还是香蕉，孩子明明选择了苹果，但如果你吃掉了香蕉，他却有可能哭出来。这与孩子在这个年龄阶段的心理发展程度有关。爸爸妈妈可以特意留点儿香蕉与孩子分享，问题就迎刃而解了。

选择逻辑❸　四岁的孩子：容易犹豫不决

四岁左右的孩子终于可以真正做决定了，但很容易犹豫不决。这会儿想要 A，下一秒又想拿 B，总是换来换去的。因为这个年龄的孩子开始学习对自己的决定负责任，也因此容易陷入困境，担心自己的决定不够正确。帮助孩子适当地减少选项，就能解决拖拖拉拉的问题。

孩子的选择性注意力尚未成熟，对看到的每样东西都很感兴趣。爸爸妈妈要当孩子的筛选器，帮孩子简化选项，才能培养他的专注力。

不是给予的越多，就表示越疼爱孩子。有时候事情越复杂，孩子就越难做出正确的决定。请爸爸妈妈记住，对孩子而言，超过三个选项就不是选择，而是陷阱。

行为22

欲望无限大

厘清真正想要的，协助孩子做出判断

随着孩子渐渐长大，对环境的观察越来越敏感，常会说出一些我们从没教过的话，让爸爸妈妈感到很惊喜，有时候也会因此惹上一些小麻烦。五岁的孩子也开始对广告产生兴趣，会开始想买一些广告宣传过的东西。

记得快到圣诞节的某个早上，宝贝女儿对我说："爸爸，我想买妖怪手表，可以吗？"女儿想要买玩具并不稀奇，但我就是有那么一丝怪怪的感觉，说不清具体原因，所以很难直接答应她。我记得姐妹俩每次看《妖怪手表》，跟着主题曲唱唱跳跳后，就会要求转台看其他动画片。她并没有多喜欢《妖怪手表》这个动画片啊，这次却提出要妖怪手表玩具作圣诞礼物，真的很奇怪呢！

这时如果直接拒绝她，肯定会被误会为不给她圣诞礼物，进而演变成一场小灾难。如果直接答应她，又觉得不太妥当，之后肯定还会出现新问题。于是我蹲下来跟她说："好的，我先去找找看。告诉爸爸你是在哪里看到的？"她非常认真地回答："就是在电视上看到的。"我点点头表示听到了，就先出门上班了。

趁午休时间，通过搜索引擎，我一下子就找到了女儿说的那个广告。真的很神奇呢！只要将“妖怪徽章”插入手表中，马上就会有“召唤音乐”和“立体投影”出来，显示出各种可爱造型的妖怪。

自然，我直觉那应该是广告效果。如果真有立体投影功能，那就不是一千块（台币）的价格，可能上万元都打不住，因为连我都觉得很炫！但孩子毕竟是孩子，还没办法分辨真实与虚幻，也没有足够的方法去获取更多信息，帮自己做出正确的判断。

我又找到了妖怪手表的产品使用视频，非常确定没有立体投影，只有表面闪光和音效。以我对女儿的了解，如果真的收到这个圣诞礼物，应该是玩不到十分钟就会失去兴趣，扔到玩具箱里不再玩儿了。倒不如给她买一个真正喜欢的、可以常常拿出来玩儿的玩具，这样也更有意义。

回家后，我与女儿讨论了我查到的资料，提醒她这个玩具只有音乐功能，并没有她预期的那种光影效果。果不其然，她立即就表示不想要这个玩具作圣诞礼物了。

孩子没有那么难说服，有时候只是突然想买什么。此时爸爸妈妈不要立即拒绝，可以提醒孩子想一想真正想要的是什么。通过你的引导，孩子往往就会知道自己想要什么，而不会一味地坚持要那个自己未必真心喜欢的玩具。

孩子吵着要买玩具的原因

原因❶　看到新奇物品时产生的暂时性欲望

孩子因为突然看到新奇玩具而出现的暂时性欲望，很快就会消失，就算真的买了回去，也只会玩儿一会儿。这时最好的解决方式，就是用真正想要的玩具转移孩子的注意力，离开眼前的刺激物之后，孩子也很快就会把想要那个玩具的事忘记。帮孩子转移注意力，**想到其他快乐的事情，往往是最好的方式。**

原因❷　“要”与“想要”分不清

四岁前孩子的表达技巧还没成熟，甚至会过度简化。对孩子而言，“要”可能有很多意思，“要买”“想要”“希望”“可以”都有可能。当幼儿说“我要大象”，当然不是要买回家，可能是“我要去看”大象。请爸爸妈妈不要立即发脾气，拒绝孩子，也不要每次都买，以免让孩子养成坏习惯。

原因❸　同伴的压力

五岁以上的孩子很容易因为“同学们都有”这个同伴压力，而想要买某个特定的玩具。**本质上，孩子想要的不是玩具，而**

是期望可以交到朋友。这时爸爸妈妈必须搞清楚孩子的真正欲望，了解孩子在学校里的生活，再做适当的决定。

现在的父母陪伴孩子的时间越来越少，往往会以买玩具作为补偿。但太多的玩具，反而容易分散孩子的注意力。爱孩子，不是一味无条件地付出，而是在掌握正确原则的前提下，帮孩子培养持续性专注力。

当孩子要求买东西时，不要当时就直接拒绝，也不要立即同意，而要与孩子一起找出想买这个东西的初衷，帮他做出正确判断。无论爸爸妈妈最后的决定是买还是不买，请记住，千万不要买了之后又抱怨孩子不珍惜。因为那是我们大人决定要买的，不是孩子。

行为23 不愿意上学

遵守承诺准时接送，提高生活适应力

暑假最后一周，往往是全家最忙碌的时刻，爸爸妈妈无不希望孩子在假期中留下欢乐而美好的记忆。告别了欢乐的假期，开学第一天，不仅孩子不习惯，连大人也都要调整一下自己的作息和心情。

特别是对于幼儿园的小小孩，在黏了爸爸妈妈几十天后，又要和爸爸妈妈分离，往往是个不小的挑战。而对于那些即将第一次踏入小学校门，开启全新生活模式的孩子们，面对全新的环境与不认识的朋友，更将是一场勇敢的冒险征程。

开学后的前几周，请爸爸妈妈务必准时去接孩子，给孩子吃颗定心丸，让他确信你会遵守承诺，每天都会准时接他回家。千万不要觉得迟到十分钟没什么大不了的。对小小孩来说，十分钟简直就像一小时一样漫长。这不只是时间长短的问题，还关系到两个人之间的承诺。

五分钟、十分钟、半小时，究竟是多久呢？这个问题对孩子来说，真的太难说了。心情好的时候，时间一下子就过去了，半小时就像五分钟；心情不好的时候，时间过得慢吞吞的，连三五分钟都长得难以忍受。对孩子来说，时间一直都不是物理性的，而是情绪性的。请爸爸妈妈一定要准时去接孩子放学，千万不要迟到哟！

孩子一开学就哭闹的原因

原因❶ 适应力比较弱

从每天黏着妈妈到一大早必须离家，这样巨大的变化，对孩子是个大挑战。孩子的适应能力比较弱，需要较长时间才可以适应。**通常需要二至四周时间，孩子才能真正适应这种变化。**孩子平时的生活作息越规律，也就越容易适应。

原因❷ 时间观念进步

在两到三岁时，孩子对时间概念还处于模模糊糊的阶段，妈妈晚一点来，孩子大都不太有感觉。**到四到五岁时，孩子已经有明确的时间观念，爸爸妈妈只要稍微晚一点来接，就会令他感到焦虑。**所以时间一到，孩子就迫不及待地希望看到爸爸妈妈出现在眼前。所以如果孩子抱怨你迟到，并不是他爱找麻烦，而是时间观念进步了。

原因 ❸　被唤起的焦虑感

看着身边的同学一个一个地被爸爸妈妈接回家了，只有自己一直等不到爸爸妈妈。**一次次的等待，会一次又一次地唤起他的焦虑感。**由于和你的承诺被破坏，他的小脑瓜儿会忍不住一直想："妈妈是不是发生什么事了，为什么还不来接我？"为了避免这种难过的感受，他第二天早上肯定会变得赖皮，怎么也不肯去上学。

开学的第一周是孩子能否乖乖上学的关键时间段，请遵守你和孩子之间的承诺，唯有让孩子产生信任感，当他再度离开你身边去上学时，才能卸下不安，无忧无虑地出门。请不要小看这件事，对孩子来说，这可是头等大事，也是让孩子喜欢上学的关键所在。

如果真的无法准时去接孩子，也一定要提前和孩子说清楚，不要开空头支票。那样只会破坏你们之间的信任，让孩子陷入焦虑，变得更不愿意上学。

行为 24

手足间争吵

减少彼此竞争，调和手足之间的冲突

孩子不乖？很爱生气？喜欢无理取闹？有时问题不是出现在孩子本身，而是出在弟弟妹妹身上。把哥哥和弟弟两人分开，一切都很好，两个人都像可爱的小天使。但只要两个人凑在一起，不到几分钟，不是两人抢来抢去，就是一个哭着告状，搞得全家鸡飞狗跳。很多时候并不是孩子不乖，而是我们有意无意之间，鼓励孩子们之间的竞争。

当两个孩子的年龄相差两岁半至三岁半时，最容易出现手足竞争的情况。特别两个孩子一个四岁、一个两岁的家庭，往往令爸爸妈妈头痛不已。因为四岁的哥哥，正在发展和学习如何掌控权力；而两岁的妹妹则是正好开始发展自我概念，不愿意受控制。在发展阶段上，两个人做的都是对的，但彼此的发展目标却是相互冲突的，这时就需要父母运用智慧来帮助孩子。千万不要一味要求哥哥向妹妹让步。父母的强势介入，有时反而会使手足间产生更多的摩擦。

千万不要动不动就说“你是哥哥，所以要……”。哥哥听到这样的话，心里一定会想，“我是哥哥就应该倒霉吗？”这样的话一开口，不仅没有鼓励到孩子，反而会让哥哥变得想模仿妹妹，从而出现心理退化行为，结果更容易让哥哥被处罚。

孩子的情绪控制能力，要到六岁左右时才逐渐发展成熟，那时兄弟姐妹争吵的频率自然就会降低许多。如果在哥哥四岁时采用高压威胁或处罚等方法对待他，只会增强他的不满情绪，甚至引发报复心理，到时再处理可就更复杂了。

三个小方法，化解手足间的冲突

方法❶　减少彼此竞争

孩子争吵了，成人要做的第一件事，就是尽量减少比较，减少彼此的竞争关系。请不要用妹妹的表现来威胁哥哥，说一些像“你看妹妹就可以乖乖坐好”，或者“如果你不乖，我就把它给妹妹”之类的威胁、比较式语句，这样只会增加孩子之间的竞争。如果哥哥做错事，可以直接责备他，但不要把妹妹当作处罚他的借口。哥哥会想：如果我是妹妹，做错了是不是也不会有事？这样反而会出现哥哥故意陷害妹妹的情况，到时问题可就更麻烦了。

方法❷　不要充当裁判

孩子们吵架很正常，只是沟通技巧不成熟而导致的暂时状况，只要没有动手伤害对方，爸爸妈妈不必过度介入孩子间的纷争。**手足间发生争吵时，请爸爸妈妈不要当裁判，不然双方都会觉得你偏心，反而让情况更复杂。**冲突发生时，先把两个人分开，让孩子自己决定是原谅对方还是一起受罚。孩子们往往会选择原谅对方，问题也就随之解决了。

方法❸　给每个孩子机会单独享有爸爸妈妈

对哥哥而言，虽然妹妹有时很可爱，却也抢了爸爸妈妈对他的一部分关注，因此会出现又爱又恨的情绪。**每个孩子都希望得到父母全心全意的爱，在哥哥心中，偶尔也会希望回到妹妹还没出生前他可以黏着你、靠着你的时光。**请安排出每个孩子与你单独去玩的时间，那将是孩子最期待的奖励。

对于大人的要求，孩子多数都会愿意配合，只是不知道应该如何去做。我们需要教孩子的是方法，而不是给予处罚。就像是第一次当主管的人，管理与沟通都是需要学习的。当哥哥也是这样，要学习如何教妹妹。只是他的运气不好，这个妹妹一直都不太听话，而且还喜欢越级告状。

请记住，不要因为妹妹做错事而处罚哥哥，不然哥哥的脾气会变得更坏，因为他会觉得自己老是被妹妹陷害。调整好我们的心情，尽量按上述三个方法去做，不用生气或者处罚，你就会发现：孩子们虽然长大了但还是很可爱。

行为 25

弄不懂拼音

一次只学一种符号，避免认知错乱和混淆

孩子进入小学前，究竟应不应该提前学汉语拼音？对于这个问题的答案，众说纷纭，始终都没有定论。有人认为应该让孩子快乐长大，也有人认为不应让孩子输在起跑线上。但是有一个观点已经得到普遍认可，就是不要同时教孩子汉语拼音和英文字母。

汉语拼音和英文字母，属于两个完全不同的语言体系，都需要将抽象符号和声音联结起来。如果分开来教，让孩子分别记忆和学习，是没问题的。但如果同时教孩子汉语拼音和英文字母，就容易出现问题。

如果我在纸上写一个“y”，请问应该读什么呢？同样一个y，按照英文字母和按照汉语拼音的读法，是完全不一样的。在不知道是哪种语言的情况下，究竟应该读作什么呢？

这个道理并不难懂。孩子学汉语拼音和英文字母，就像我们学电脑打字的输入法一样。每一种输入法都有它的拥护者，当时如果要求你同时学两种输入法，前三十分钟用拼音输入法，后三十分钟用五笔输入法，你会不会觉得很混乱？

不论哪种输入法，在熟练之后都能学会，但是如果同时练习，只会造成混乱。大人都如此，更何况是孩子呢？你觉得同时教孩子汉语拼音和英文字母，对孩子的学习是有益，还是有害呢？

语言学习三大要点

要点❶　不要太着急

爸爸妈妈过度担心孩子学不会、学不好，所以常常早上让孩子学习汉语拼音图卡，下午给孩子看英语影片，结果孩子不但不能把汉语、英语都学好，反而脑子大打结，两门语言符号都弄不清楚。在孩子学习语言的路上，最需要放轻松的是爸爸妈妈。**对孩子来说，一种符号只有一种读音。**先教孩子一组符号，等到半年后，孩子基本掌握了，再教另一组，效果才会比较好。

要点❷　以认读为主

孩子四岁后，对于符号的概念才刚刚萌芽，学习文字应该主要以认读为主，而不是书写。爸爸妈妈可以在生活环境中多加布置，给孩子更多能看到汉语拼音的机会，让他随时随地都能接触到这些符号。一有机会就跟孩子解说每个符号的发音，这会比坐在书桌前教，更容易让孩子记住。在日常生活中熟练，才是最重要的关键。比如在书桌前贴上汉语拼音字母表，虽然看起来有点儿老套，但真的挺管用。

要点 ❸ 避免两种语言混淆

临床治疗中，拼读困难的孩子最常见的一种症状就是把英文字母与汉语拼音混淆。明明手上写的是 la（拉），嘴里读的却是“雷”。仔细想想也是有道理的，他将汉语与英语拼读规则混在一起，l 加上 a，不读“雷”又该读什么呢？不是孩子们不聪明，而是我们把他的脑子搞糊涂了。

不论是先让孩子认识汉语拼音，还是先学英语字母，都没有问题。最重要的是，不要在同一个时间点同步学习这两种语言符号。请发挥你的智慧，帮孩子避开这个学习陷阱吧。

行为 26

趴着写作业

端正坐姿，从改善握笔姿势开始

孩子写字时老歪着头，整个人好像趴在桌上，距离书本那么近，以后近视怎么办？不管妈妈如何提醒，孩子就是只能配合一会儿。常常是妈妈坐在旁边时他还可以乖乖坐好，妈妈一离开他就马上趴下来，真的是要把妈妈气炸了。难道真要妈妈把棍子拿出来，好好教训他一顿，他才能坐好吗？

很多时候，不是孩子不配合，而是孩子做不到，特别是在他握笔姿势有问题时。因为如果孩子握笔姿势不佳，当他的手拿着铅笔写字时，视线会被拇指遮住，因为看不到笔尖，只好歪着头，靠近一点儿，才能看清楚自己写的字。

这时要求孩子身体挺直、头抬高，就跟要求孩子闭上眼睛写字一样。根本看不见字，怎能继续写？孩子乖乖配合我们摆好坐姿，我们又会抱怨他写得丑、写得慢。如果你是孩子，会不会觉得冤枉？

孩子握笔写字出现问题时，请爸爸妈妈先不要责备他，请陪着他找出握笔姿势不良的原因。等孩子学会正确的握笔姿势后，自然就能端正地坐到书桌前，不再趴着写字。

孩子无法好好握笔写字的原因

原因❶ 很少用筷子

你有没有发现拿筷子的方式就好像同时握着两支铅笔？东方人每天拿着筷子吃饭，就是在帮孩子打好握笔写字的基础。能使用筷子三十分钟，自然就能持续写字三十分钟。现在的孩子喜欢用勺子吃饭，用筷子越来越少，练习手指的机会自然也就变少了，要拿好笔写字也就比较困难。**爸爸妈妈不要因为疼爱，在孩子四岁后还一口一口地喂他吃饭，那反而是在陷害孩子哟！**

原因❷ 手腕稳定度不足

我们小的时候，很少有人有自己的书桌，常常就是拿着粉笔在围墙、马路上乱画一通，要不就是拿着树枝在泥土上刻画线条。**相比在桌子这种水平面上写字，过去的孩子更多时候是在垂直面上写字的。通过垂直面给予的支撑，可以充分训练手腕的稳定性，孩子长大写字时就不容易出现手腕倒勾的情况。**

举这个例子，不是说要鼓励孩子在墙壁上作画，而是提醒你要多给孩子练习手腕力量的机会。小时候常做的拍球动作就是极好的训练方式。

原因❸ 食指指尖力量差

握笔时，我们需要用拇指与食指捏住铅笔，用中指靠着铅笔提供支撑力，才能流畅地书写。如果食指指尖力量不足，是无法很好地握住铅笔的，这时孩子很聪明，会用大拇指来代替，把拇指压在食指上，这样就可以握好铅笔，缺点是拇指把笔尖遮蔽了。**趴着写字的关键原因不是孩子不乖，而是孩子食指指尖力量不够。**孩子食指指尖力量够不够，最简单的观察办法就是看他是否能撕开零食包装袋。可以通过让孩子多做“撕”这样的动作，帮助他提高食指指尖力量。

孩子不是不愿意配合，而是碰到困难时，他说不出无法完成这件事的原因。带孩子就像是当侦探，一步一步顺着线索，找出问题产生的源头。只有掌握了真正的原因，才能有效地帮助孩子解决问题。

试想一下，是吃饭比较累，还是写字比较累呢？如果一个孩子拿勺子吃不到三十分钟手就没力，还要张口让爸爸妈妈喂，如何要求他一口气写完三十分钟的字呢？不是孩子写字不专心，而是我们没有帮他建立好习惯。

吃饭是孩子最好的写字练习机会，当孩子四岁以后，请让他端起碗拿起筷子练习自己吃饭。这个小小的举动，是培养孩子持续性注意力的关键。

行为 27

开始说谎话

了解说谎动机，引导孩子解决问题

小孩子常会因为认知思考上的局限，或者是因为不想认错，而出现坚持己见、“睁眼说瞎话”的情况。请不要过度担心，让自己陷入“我的孩子这么小就会说谎话”的焦虑中。

研究发现：两岁时，有20%的幼儿会说谎；三岁时，这个比例约为50%；四岁时，约为80%；大多数孩子在五岁时会有说谎经验。所以请爸爸妈妈不用特别担心。发现孩子说谎，请先不要怀疑自己做错什么事，或者担心孩子学坏了。我们需要做的，是教导孩子诚实的好处。

说谎并不是一件好事，但也没有我们大人想象的那么严重。我们需要培养孩子诚实的品格，但不能要求孩子百分百完全不能说谎，特别是某些基于社交需要的善意谎言。与人交往时太过直白，往往不会被看作是诚实的表现，而是恼人的低情商行为。

从幼儿发展观点看孩子说谎

能力❶ 理解他人想法

说谎第一步，就是要了解这件事“只有我自己知道，但别人不知道”。如果别人都已经知道，还想说谎，肯定是百分之百会被识破。所以，说谎意味着，孩子大脑逐渐成熟，已经能够综合已有经验与过去学习的知识，来推测他人的想法了。

能力❷ 控制脸部表情

说谎第二步，是要能控制自己的情绪，不能一成功就露出得意的笑容，不然就被爸爸妈妈发现了。孩子得先有足够的情绪控制能力，才能成功地说谎，不被发现。很多孩子都会说谎，说谎是否会被识破的关键在于控制脸部表情的能力，有的孩子一说谎就会被发现，但有些孩子的谎言，会让你听起来就跟真的一样。

能力❸ 故事描述能力

说谎第三步，需要在大脑中虚构出一个场景，并且准备好角色，描述出一个故事，借助流畅的表达能力，经由嘴巴说出来。如果说得支支吾吾的，就很容易被怀疑而无法成功。

说谎不是件百分之百的坏事，只是孩子因为在能力发展上有所突破而出现的暂时的情况。

发现孩子说谎，爸爸妈妈不应该把注意力放在孩子怎么会说谎上，而是应该了解孩子说谎的动机。如果孩子说谎是为了保护自己的安全，那绝对无可厚非，不需要严厉处罚，只要引导孩子使用更恰当的方式就好。但如果孩子说谎是为了陷害别人，或者是为了获得他人的奖赏，就必须立即制止与处罚，千万不能姑息。

同样的行为，因为动机不同，大人的处理方式也要随之调整。最重要的原则都是一样的：不要急着处罚或责备孩子，先静静地听他把话说完，了解他在想些什么，你就知道应该如何处理了。

想要孩子说实话，最重要的不是严厉处罚，而是大人也要具备听得下坏消息的能力。

要让孩子知道，对爸爸妈妈说实话是不会被处罚的，而且爸爸妈妈还会一起帮助他想出解决的办法。那么孩子自然也就不会说谎了。这才是身为父母的我们应该对待孩子的正确方法。

行为 28

想要当"老大"

找到对的模仿对象，帮孩子学会控制情绪

孩子们玩儿游戏时，常会出现争吵的情况。为了某个玩具应该放到哪里，彼此间争执不下，甚至出现推搡、威胁、打人的情况，真让爸爸妈妈头痛不已。我的孩子在小时候，明明脾气很温和，怎么才过了一年，就变得这么容易生气了？是孩子在幼儿园学坏了吗？还是被同学欺负了？

孩子四至五岁时，开始出现控制欲，变得越来越有主见，想要掌控权力，希望别人听他的。同一个年龄段的孩子，每个人都有自己的想法。当三四个小朋友聚在一起时，难免会出现为到底听谁的而争论的情形，也会发生小小的摩擦与争执。

控制欲不是坏事，从另一个角度来看，这是孩子发展领导力的关键。孩子在与同伴交往时想要掌控游戏的走向，要求别人配合他的想法，这是一件很值得鼓励的事。

出现控制行为时，爸爸妈妈要在意的并不是孩子爱命令别人的行为，而是孩子使用的方式是否恰当。如果爸爸妈妈非常强硬地压制孩子的控制欲，将来孩子在团体中就容易变得不敢表达自己的想法，只会乖乖配合别人。这样的人际交往对孩子

来说其实并不好。

正因如此，不建议家长用打骂或责备等高压方式强迫孩子改变，应该尽可能地找出孩子爱争吵的原因，并引导孩子学习符合社会行为规范的方法。

孩子想控制他人的原因

原因❶ 渴望同伴的佩服

孩子过于急着想长大，希望展现出自己的能力让同伴们佩服，才会出现想在集体里掌控决定权的行为。但是因为沟通技巧尚未成熟，同伴不配合时就容易出现争执。最好的方式就是帮孩子培养一项爱好，比如弹钢琴、折纸、下围棋等，让孩子明显地优于同龄的孩子。当有明显的优势之后，孩子们之间的争执也就减少了。

原因❷ 不当的角色模仿

当孩子喜欢某种动物时，常会模仿它的声音或动作。**年龄小的孩子，比较喜欢巨大、强壮的动物，比如大象、狮子、熊或恐龙等。这象征着孩子想变得强壮。**随着年龄渐渐增长，到了青少年时期，他有可能就会转而喜欢较为娇小、需要被照顾的动物。

如果孩子的“偶像”是狮子、恐龙等肉食动物，就可能做出各种有威胁性的动作，而被误以为脾气暴躁。这时可以引导孩子喜欢不同的动物，改变模仿对象，会对孩子的行为有所帮助。

原因❸ 情绪控制能力未成熟

孩子的自我控制能力通常要到五岁半后才会出现。当孩子的情绪被诱发出来时，简直就像脱缰的野马一样难以控制。

深呼吸是最常用的一种控制情绪的方式。通过调节呼吸，诱发副交感神经活跃起来，可以达到稳定情绪的目的。这对孩子而言有点儿困难，建议用憋气训练来引导。就像在游泳池里练潜水那样，先深深地吸一口气，然后捏着鼻子屏住呼吸，默默从一数到十。通过将注意力转移到控制呼吸和数数上，间接达到控制自己不发脾气的目的。

孩子绝对不是因为想要争吵，才跟朋友们一起玩儿，只是太想控制全局，才会在无意中情绪失控。如果成人排解纠纷的方式，就是强行将孩子跟朋友分开，反而会剥夺孩子在人际交往方面的练习机会。引导孩子变外在行为，减少争吵频率，当与同伴的交往开始改善，就能交到许多好朋友了。

行为 29

有攻击行为

学会坚持与妥协，发展人际交往技巧

孩子们在一起玩儿，难免出现争执、吵架的情况。不管是抢玩具、争先后、交朋友，还是吸引爸爸妈妈的注意，都会让孩子们吵成一团，甚至出现动手推人的情况。

在孩子们发生争执时，最好的方式就是从旁观察，尽量不介入，让他们可以从中学习到何时该坚持何时该妥协。在一次次的坚持与妥协中，孩子会慢慢找到平衡点，发展处适当的社交技巧。

不介入孩子们的争执，并不是放任。当孩子已经用右手抓住另一个孩子的头发，左手握紧拳头准备攻击他人时，当然就要出面干预加以制止，立即将两人分开，以免伤害到别人。绝对不应该放任孩子，让他们打出胜负，因为打赢的人并不一定就是对的。何况“当别人先动手时，得打回去才公平”的观念，也是个错误认知，会导致孩子长大后产生攻击行为。

四岁左右是攻击行为的多发期。这时的孩子很想在活动中获得掌控权，希望大家都听他的，如果受到同伴的拒绝，攻击行为就很容易被诱发出来。孩子们常常在玩游戏时，由于意见不一致争执不下，别人不愿意让他，他想了半天找不到其他方式，情急之下就张大嘴巴咬下去，或出现动手拉扯的动作。此时的孩子，自我控制能力尚未发展成熟，难免会出现动手动脚的情况，需要大人从旁引导与帮助，让孩子了解，在社交场合与人相处时，必须画出一条他人可以接受的界线。

随着年龄增长，等到五岁以后，孩子渐渐发展出抑制冲动与调节情绪的能力，这样的情况就会渐渐减少。他们会改用商量或吵架的方式互动，动手的行为会慢慢减少。如果孩子自我控制能力尚未成熟，还不具备情绪调节能力时，我们教导孩子“被打了就要打回去”，你觉得这样好吗？

正因如此，不要在孩子被人欺负时给孩子“你就打回去”这种似是而非的答案。这只是挖坑给孩子跳，总有一天会自食恶果。

动手打回去，会让孩子的人际交往受到阻碍

影响❶　不会控制情绪

一开始，孩子的确是被弄到不舒服，忍不住了才会还手。但是如果还手还习惯了，就会变成只要觉得不舒服就打人，根本连忍都懒得忍。**五至六岁正是孩子情绪调节能力发展的阶段，我们却教他跟着自己的感觉走，自然就容易变得火气十足，活脱脱像个小霸王。**当孩子深信打赢了的才是最厉害、最棒、最

强的，你觉得孩子日后的人际关系真的会好吗？

影响❷　不会保护自己

保护自己与生气打人是完全不同的事情。要教孩子保护自己的技巧，而不是被冒犯了就动手打人。保护自己的方式很多，打架只是一种不恰当的选项。从你教孩子“打回去”的那一刻起，就要有这样的心理准备——哪天孩子鼻青脸肿地回来，请不要怒气冲冲地去找对方家长理论，因为这只是他打输了的结果。

影响❸　人际冲突白热化

即使孩子真的听了你的话，打遍天下无敌手，你是为此高兴呢？还是难过呢？在幼儿园时，大家年龄相仿，身高体形差不多，老师又时刻陪在身边，不会出什么大问题。等到进入小学，一至六年级的身高、体重差距很大，下课时间一到，所有学生都奔向操场，全都混在一起玩儿，老师已无法随时陪伴在侧，那时候才是人际冲突真正要白热化的时候。

教育孩子，不能只看眼前，而是要帮孩子看到更长远的未来。请不要教孩子“你就打回去”那样的情绪性动作，因为那只能解决当下的情绪，却可能导致孩子未来在与人交往上产生困扰。

行为 30

啰嗦讲不停

练习讲故事，发展口语表达能力

五岁左右，孩子会想读绘本给大人听，模仿你讲故事的样子。这时请千万不要阻止孩子的热情，而是将读绘本的主导权转交给孩子，让孩子试试看。这是一个很棒的机会，趁着孩子特别爱讲话的时期，把握机会鼓励孩子讲故事给你听。

爱说话，在重视表达能力的现代社会，是一个有益于增进人际关系的强项。一个人如果可以把故事讲得生动有趣，让听众竖耳倾听，自然也就容易打动人心。讲一个好故事，往往比讲一个大道理，更容易令人敞开心扉专注聆听，也更容易说服别人。许多伟大的领导者，不也都是善用小故事来引导他人重新思考吗？对孩子成长而言，会讲故事也是非常重要的技巧，能够让孩子更容易交到朋友，在集体中获得关注。

孩子刚开始讲故事时，自然无法说得非常完整，但请不要打断并纠正他的小错误。爸爸妈妈唯一要做的，就是当一个疯狂的粉丝，认真欣赏孩子伟大的“表演”。即使孩子把“三只小猪”说成了“七只小羊”，看看他认真表达的模样，也请务必带着微笑听到最后一刻，再给他一个大大的鼓励拥抱。因为只有你乐于倾听，孩子才会乐于表达，喜欢与你分享。

听孩子讲故事时的注意事项

注意❶ 当个称职的听众

孩子爱说话，是想与你分享，就如同我们去看了一场好看的电影，会迫不及待地想与同事聊聊，还得小心不能剧透太多。想要分享的心情，会让孩子爱上阅读。他不只会讲给你听，也会讲给朋友们听。如果读了一大堆书，却连一个听众也没有，只单纯地把书读完，怎么延伸其他乐趣呢？**请爸爸妈妈在听孩子讲故事时转换角色，从主动的讲述者变成被动的听众。**

注意❷ 不要一直想纠正

爸爸妈妈常常过度强调故事的正确性，却忽视了孩子讲故事时的感受。比如你站在台上演讲，台下听众隔三差五就打断你，你觉得还能继续讲下去吗？孩子毕竟是处于练习阶段，还无法将故事讲得完整，在他练习的过程中，需要的是家长的包容而不是纠正。在最初的练习阶段，请陪着孩子从他最常听的“旧故事”开始讲，孩子会更容易上手。

注意❸ 适时给予小提示

当孩子卡住讲不下去，流露出求救的眼神时，请爸爸妈妈心领神会，不着痕迹地帮孩子补位，让他顺利地说出下面的语句，引导孩子把故事讲完。**让孩子享受讲故事的成就感，他自然就会越来越喜欢讲故事给你听。**

不要把孩子的故事分享，变成考试式的背诵，那反而会伤害孩子的积极性，之后你还得再花好多时间鼓励他，岂不是得不偿失？

分享是孩子喜欢读书的关键，讲故事是孩子表达分享的一种好方式。请认真倾听孩子讲故事，给予正面的鼓励。在与你分享的过程中，孩子会越来越喜欢读书，并且主动将这种喜欢的感觉横向迁移到学习上。让孩子在一次又一次的讲故事经验中，练习讲故事的技巧，自然就会越讲越好，越讲越有条理，渐渐就能发展出有魅力的语言表达能力。

睡前亲子共读，除了读绘本给孩子听，有机会也可以让孩子读绘本给你听。你的聆听鼓励是给孩子自己讲故事最好的奖励。在学前阶段，爸爸妈妈和孩子一起专注于“你听我说”的互动过程，是培养孩子自主阅读能力以及视觉和听觉专注力的最佳练习机会。

四 专注力发展：6岁以上

31 行为 爱尝试危险

32 行为 写字不端正

33 行为 总是找理由

进入小学后，孩子要扮演的主要社会角色变成了学生。这个阶段孩子最重要的工作，不再是开心玩游戏，而是学习了。

从幼儿园到小学一年级，对孩子来说是一个巨大的改变。爸爸妈妈要了解孩子们可能碰到的问题，提前帮孩子做准备。孩子在教室里不专心，常常不是因为不配合，而是被小问题卡住了。这个小问题往往不被大人理解。

34 行为 写作业太慢

35 行为 数字胡乱写

36 行为 做事全靠盯

37 行为 总是听不进

孩子需要的不是责备，也不是包容，而是我们的智慧。运用智慧帮孩子找出解决问题的方法，自然就可以找回孩子的专注力。请爸爸妈妈不要跟孩子一起紧张，那样反而容易把小问题变成大问题，甚至伤害孩子的自信心。

光光老师深信：了解孩子，才能帮助孩子。让我们一起来看看，孩子学习上的各种小麻烦的背后，到底隐藏着哪些秘密。

38 行为 开学未收心

39 行为 游戏打不停

40 行为 爱搞小团体

行为31 爱尝试危险

鼓励尝试与探索，培养学习内动力

我们在教导孩子时，常常亦步亦趋地紧盯着他，不许他犯错，只要错一点点就急着让他改正。这样真的是对孩子最好的方式吗？

小时候不让孩子尝试，长大后又抱怨孩子很被动，需要成人一直耳提面命；小时候不允许孩子失败，长大后却又抱怨他怕挫折，一点儿小困难就放弃。你不觉得这样很矛盾，是典型的双重标准吗？

孩子是天生的科学家，凡事都要亲身尝试才会相信事实。就算跟他说了“这个杯子会烫”，他也要亲自摸一下才肯相信。虽然表面看起来很调皮，但也正因这样的天真与执着，让孩子与大人有着截然不同的想法。不怕失败、勇于尝试，是上天赐予孩子的礼物，也是科技可以日新月异的原动力。

如果我们将全部精力倾注于帮助孩子不犯错，而忽略了孩子的天性与特长，这样的努力到头来很可能是一场空，也会让孩子感到精疲力竭。成功值得赞扬，但失败也不是一件错事，最重要的是孩子喜欢探索与尝试。

让孩子尝试探索的三个原则

原则❶　避免过度保护

婴儿之所以能在跌跌撞撞中学会走路，就是因为不怕跌倒。**请爸爸妈妈不要一直将“不可以”挂在嘴边，那不是在保护孩子，而是在限制孩子的发展。**特别是孩子六岁以后，更应该告诉他“可以怎么做”，而不是一味地严格禁止。

原则❷　多一点儿耐心

不要迫不及待地教导孩子，更不要直接帮他完成，应该多给孩子一些练习的时间，而不要期望他一次就可以完全做到位，因为孩子需要练习才会熟练。很多时候，孩子不是失败，只是还没有成功。爸爸妈妈过早地介入，反而会让孩子觉得自己做不好，影响他未来解决问题的信心。

原则❸　带着孩子找方法

孩子碰到难题时，爸爸妈妈不要直接给予解决问题的答案，而是要用开放式问句提问，例如“你觉得呢？”引导孩子先说出他的答案，然后再说出你的想法，并带着孩子一起做实验，试试哪种方式比较好。**通过实验与练习，孩子自然就能学会如何解决问题，也就不会那么害怕失败了。**

该改变的是大人。与其将心思用在培养孩子避免犯错上，倒不如多花点儿时间帮孩子养成有礼貌且积极的态度。那样即使孩子在未来的人生道路上不小心绊倒了、失败了，旁边也会有人愿意伸手扶他一把。

孩子需要你的引导，而不是保护和限制。请不要努力培养不会犯错的孩子，却忽略了挖掘孩子们的天赋，最后反而扼杀了孩子主动学习的动机。

行为32 写字不端正

矫正握笔姿势，让书写变漂亮

有些孩子写字像毛毛虫，歪七扭八的不说，还忽大忽小的，常常让妈妈忍不住大发雷霆。真的是孩子写字不用心吗？

事实上，孩子写字不漂亮，常常不是因为写字不用心，而是握笔姿势不正确导致的。就算他再怎么努力也写不好，自然就会没有成就感，久而久之就不爱写字了。

孩子需要的不是批评，而是成人睿智的引导。我们越能清楚地指出他需要调整的地方，孩子就越会配合。

给孩子扣上“不用心”的大帽子，对他一点儿帮助也没有，只会打击他的自信心。在要求孩子写字端正前，最重要的是帮孩子矫正握笔姿势，让孩子写字变得更轻松。请不要一直说“为什么总是写得歪七扭八”，或“写字要用心”，要给孩子更明确的指令。

让孩子写字漂亮的三大技巧

技巧❶　竖笔必须垂直

孩子因为手腕稳定度不佳，写汉字的竖笔时很容易出现往右歪斜的情况，导致整个字像被风吹倒了似的。就算他很认真地写了，也会被批评写得丑。爸爸妈妈**可以教孩子将纸张摆放得向左倾斜一点儿，让孩子更容易把竖笔写垂直，自然字体就会变得好看。**

技巧❷　横笔水平或微微上杨

汉字的横笔必须写成水平或微微上扬的样子，才会显得端正。**如果孩子拿笔时虎口是紧闭的，往往会使横笔弯曲甚至下斜，让原本应该是正方形的字，变成梯形的样子，怎么看都不端正。**这时，可以在孩子写完之后给他一把直尺，让孩子自己练习修正自己写的字，养成将横笔写水平的好习惯。

技巧❸　停笔不要撇

有时为了加快写字速度，孩子不肯果断停笔，就会带出“撇”的动作，使字看起来很潦草，自然就被联想成不专心写字。这时，请不要立即让孩子擦掉重写，而是让他将最后一笔再用心地描一次，并且记得要停笔。很快孩子就会明白，只要最后记得做“停笔”这个小小的动作，字就会变得更好看。

不要一见到孩子写得不好看，就直接把它擦掉。爸爸妈妈可以把孩子写不好的那一笔用铅笔再写一遍。通过你的亲身示范，让孩子逐渐掌握上述的三个原则，很快就可以把字写端正，看起来就会顺眼很多。

将“写字不好看”变成你和孩子共同的“敌人”，帮他打败这个大魔王。你会发现，你在心态上做出的小小改变，会令孩子变得非常愿意配合。

当写字不再是件苦差事时，孩子才更容易将心思集中在学习上，变得越来越专心。

行为 33

总是找理由

将规则讲清楚，减少理解不一致

孩子超爱找借口，就连刷个牙、吃个饭、放个书包，都有一大堆理由。一会儿说“等一会儿”，一会儿说“我不饿”，一会儿又说“没有啊”！明明就是他把书包扔在沙发上的，还要和妈妈强辩好久，才心不甘情不愿地拿起书包放回自己的房间。这真的很考验妈妈的血压，不知道哪天就会血管爆裂。

孩子特别爱辩解、找理由，就是不肯乖乖配合，这种现象常出现在两个年龄阶段：五岁半和十岁。

五岁半时，孩子的自我控制能力开始发展，觉得自己已经很努力了，看到别人没做到，就会觉得只有自己一个人受罚是不公平的，所以常会出现拉他人一起受过的状况。比如妈妈问他“为什么不收好书包”，他就会答“妹妹也没有收好”。这时爸爸妈妈不用跟孩子解释太多，只要温和地坚持，引导他养成好习惯，就能减少冲突。

十岁左右，孩子的抽象思考能力变强了，逻辑推理能力也渐渐成熟。此时孩子不再只是被动地吸收，而是开始有了自己的判断，也越来越有主见了。当彼此观点不同时，孩子自然就想解释一下，也就变得理由越来越多。若硬要孩子闭嘴，会让冲突累积越来越多，终有一天会爆发。

爱找理由没有对错，有错的是大人对待孩子的方式与技巧。试想一下，如果孩子一连解释了十分钟都没说到重点，就算再有耐心的爸爸妈妈也会爆炸。我们大脑想得太快，嘴巴说得太多，但常常刚说完就忘记了，说得牛头不对马嘴，自然就很容易被视为狡辩。如果让孩子试着动笔，把脑袋里的想法一条一条地写出来，和爸爸妈妈沟通就会变得容易。

为什么孩子总有那么多借口

原因❶　大人过度强调竞争

在现今全球化趋势下，孩子日后的竞争对象，不是一个国家的人，而是全世界的人。爸爸妈妈心中存有这样的焦虑，会在无形中将这种不安传递给孩子，让孩子养成过强的好胜心。**由于不愿意服输、恐惧失败，面临压力时自然就会不停地找理由。**特别是五到六岁的孩子，更容易有这样的表现。不是孩子脾气不好，而是他在想办法疏解自己的焦虑。这时请爸爸妈妈不要刻意强调竞争，想办法引导他调整情绪，就能逐渐改善这种情况。

原因❷ 规则未说清楚

到底是要“做完”还是“做好”？对于规则的理解不一致，常会引爆另一个冲突点。当我们说：“把书包放好”，孩子确实把书包放下了，但是没有放在房间里，这样算是做完了吗？虽然没有做好，但孩子觉得自己的确做了，这时你的批评会让孩子觉得自己被全盘否定，从而产生情绪波动。辩出谁对谁错一点儿也不重要，你想要的是孩子自动自发地做到最好，孩子想要的是你给予部分的认可。**可以给孩子一个待办事项表，做完一项勾掉一项。你给的指令信息越明确，孩子就越容易配合，冲突也就会日渐减少。**

原因❸ 文化代沟

随着网络科技的发达，过去很难获得的专业知识，现在只要打开搜索引擎就可以立即找到。通过网络学习新知，已是不可逆的趋势，这却引发了另一个问题——孩子的知识摄取来源不再只是家庭与学校，而是无边无际的网络世界。孩子对新事物的接纳度远高于成人，无形中也增加了亲子沟通的障碍。

不要直觉地和孩子讲道理，因为我们可能生活在不同的世界里。如果爸爸妈妈跟着孩子一起接触流行趋势，了解孩子所关注的新事物，让彼此处于同一个世界中，自然就会减少冲突。

孩子理由多，不一定是坏事。孩子其实是想和你沟通，并不是故意惹你生气，只是技巧不够好而已。虽然有点儿烦人，但换个角度看，至少他愿意告诉你他的感受和想法，这不也是一件好事吗？冲突产生时，正确的做法不是让孩子先闭上嘴巴，而是帮他提升表达能力，让他能切中要点地说话，这才是让孩子改变的关键。

行为 34

写作业太慢

收起橡皮，让孩子写字更专心

孩子写作业时，总是东摸西摸、能拖就拖，一份简单的作业可以写上一两小时，每晚做到十点多，都快把爸爸妈妈逼疯了。究竟有没有什么好方法，可以让孩子写得快点儿呢？

最简单的方法就是——收起孩子的橡皮。

收起橡皮？那写错了怎么办？没有橡皮，那就不用订正吗？我想这些会是很多爸爸妈妈共同的疑问。其实不用太担心，写作业肯定要用到铅笔，但不一定非得用到橡皮。就像我们用圆珠笔时，会随身携带涂改带吗？我想不会吧。

临床上发现，有些写作业慢的孩子，是因为玩儿橡皮才写得拖拖拉拉的。也有些孩子是太希望得到好成绩，一笔一画都力求完美，哪怕歪了一点点儿都会擦掉重写，一个字能重写四五遍，自然快不起来。

聪明的爸爸妈妈们，在孩子写作业时，请先暂时收起橡皮，等孩子作业写完后，再拿出橡皮来让他订正。

作业写完再让橡皮登场的原因

原因❶ 减少干扰

现在的文具非常精致，连橡皮都五花八门，颜色丰富鲜艳，甚至还有许多不同造型，像蛋糕、棒棒糖、小兔子等。造型虽然可爱，却不见得好擦，而且还很容易滚落。**这些外观漂亮的橡皮，其实是孩子写作业时的干扰物。**试想一下，孩子写一项作业，光找橡皮就找了十几次，速度又能快到哪里去?

原因❷ 让孩子更加用心

收起橡皮，不会增加孩子写错的概率。一开始他们可能不习惯，需要爸爸妈妈从旁鼓励。**手边没有橡皮，出错后不能马上擦掉，孩子就会一笔一画更加认真地写，因为速度放慢了，也会写得更好看，更容易一次就写好。**收起橡皮之后，最常碰到的情况是孩子一写错就吵着要用橡皮擦掉。这时，请爸爸妈妈先教孩子在出错处画上小叉作标记，等到最后订正时再一次性擦掉重写，这样效率就会更高。

原因❸ 提高动作记忆力

孩子常常会为了把字写漂亮，刚刚写了两三笔就擦掉重写，再擦、再写，再写、再擦，这样自然就会写很久都写不完。我们记忆文字的书写方法时，靠的是动作记忆，而不是视觉记忆。**学习新字时的记忆效率，不在于字的美观，而在于书写的流畅度。**如果写一两笔就擦掉，虽然最后写出的字很好看，每次都能得“优”，但对记忆生字却一点帮助都没有。

在孩子写作业时，请爸爸妈妈先收起他的橡皮，等他快要写完的时候，再拿出来一起订正吧。最初两周孩子可能不适应，作业可能写得不太好看，这时请多给孩子一点儿鼓励，让孩子慢慢习惯少用橡皮。等他养成习惯后，做功课的速度自然就会快很多。

孩子不是不专心，而是求好心切。请爸爸妈妈先收起爱批评、爱看缺点的坏习惯，不要让孩子将“做功课”和“被骂”画上等号。带孩子要的是方法，而不是责备。教孩子用新行为替换旧方法，才能让他变得更专心。

行为 35

数字胡乱写

将数字写端正，培养学习专注力

孩子的功课真多，需要写的作业类别更是不少。爸爸妈妈常会盯着孩子写，特别是汉字，常常是一字一字地看，希望孩子写得端正。对阿拉伯数字反而不太在意，常会觉得数字即使写得稍微丑点儿也没多大关系，能看懂就行了。

与汉字相比，数字的笔画简单得多，就是 0123456789 的排列组合，不像汉字，单是记忆字形，就让孩子伤透脑筋。所以，相比较而言，将数字写漂亮一点儿也不难，孩子自然也不会在写数字上花很多力气。

多数父母对孩子写汉字要求严格，对数字书写却不在意，结果就是孩子数字写得越来越潦草。为什么非得把数字写端正？只要看得懂不就可以了吗？光光老师是不是要求太严苛了？

事实上，这真是一件需要引起爸爸妈妈重视的事。我在临床上碰到过许多在数学学习上出现困扰的孩子，平时小考还可以，但只要一到大考，就会写错一大堆，出现临时失常的情况。仔细分析孩子的考卷，才发现不是孩子不会算，而是抄写太潦草，抄数字时就抄错了，后来又怎么能算得出正确答案呢？

培养孩子将数字写端正的益处

益处❶ 避免数字难以辨识

孩子自己写的是0还是6，都看不清楚；是7还是1，也经常搞错；3和5，写得好像双胞胎；更夸张的是，有时连4和9都难以分辨。**没时间检查还好，一旦有时间可以检查了，孩子却完全不清楚自己之前写的是什么，当然也就不愿意复查验算，所以经常会出现因粗心而出错的情况。在一二年级时，**涉及到的数值小、数字位数少，往往不会造成太大困扰。等他升入三年级，数值变大、数字位数变多后，因为计算写得歪七扭八，结果自己都看不懂，自然就很容易算错，常常因为粗心大意扣掉十几分。在缺乏成就感的情况下，怎么可能会喜欢数学呢？

益处❷ 避免竖式计算错误

如果数字书写潦草，又有手腕稳定度不佳的问题，就会导致孩子在书写时出现歪斜的情况，做竖式计算时很容易出现对位错误。**简单的加减乘除，都有可能因为对位错误而算错。**这将直接影响孩子学习数学的自信心，让问题变得更严重。

益处❸ 避免孩子抗拒验算

对于数字书写潦草的孩子，验算就是个陷阱，不验算还好，一算就更加乱七八糟。连自己原来写的是什么都不清楚，又怎能找出错误呢？

爸爸妈妈可以使用 Word 软件的相关功能，给孩子打印一些方格纸，当作验算纸。**通过额外的协助与练习，帮孩子培养出端端正正的计算习惯，这绝对要比不停地耳提面命更有效。**

与人们通常的认识刚好相反，研究统计发现，汉字写得端正与否，对孩子的学业成绩没有太大影响，反而是大家常觉得无所谓的数字，如果写得过于潦草，往往会影响孩子的数学成绩。

请帮孩子养成端正写数字的习惯吧。这些小小的举动与习惯，是决定孩子未来考试是否会粗心大意的关键。孩子专注力的养成，也正是与这些小事息息相关。

行为36 做事全靠盯

放手让孩子自己做，增强主动性

孩子不能自觉地做事？就算一点儿小事，也得爸妈在后面盯着才能完成。写作业时总得有人监督，不然就一团乱，考试前更是如此，如果不压着他复习，成绩就会惨不忍睹。为什么孩子这么被动呢？

孩子天生就希望学习新事物，常会一股脑儿地投入感兴趣的事中，想让他停下来都难。既然如此，孩子应该都是主动的，为什么会出现被动的情况呢？

关键就在动机上，也就是要看孩子对这件事是否充满热情。促使孩子学习的一个很大的动力，就是与他人分享，跟妈妈说、和爸爸讲："你看我多厉害，又学会了一个新本领。"

分享就是孩子的学习动机。所以，当孩子兴奋地拿作业给你看时，请放下手边的工作，看着孩子的眼睛，认真回答他的每个问题。你回复孩子时的认真神情，是孩子将作业视为要事的关键。

但是我们通常做不到，更可怕的是我们还常常"老师附身"。一看到孩子的作业，就急着挑毛病，一会儿批评他字写得丑，一会儿又嫌答案不正确，无形中浇熄了孩子的热情。谁愿意主动给自己找麻烦呢？结果孩子自然就变得越来越被动了。

请记住：先称赞孩子的优点，再帮孩子订正，这才是我们要做的。

孩子缺少主动性的原因

原因❶ 没有空闲时间

如果孩子从早到晚都在上课、补习、练才艺，生活被各种事情填满了，没有自己的时间，一直都是被动地听从安排，当然也就没有时间观念。此时爸爸妈妈如果突然将时间规划的任务交给孩子，就是挖陷阱给孩子跳，因为孩子根本不知道自己该做什么。**让孩子学会主动，最重要的工作就是，给孩子留出空闲时间，让他有机会学习如何善用时间。**

原因❷ 延迟满足能力不足

在那个著名的"棉花糖实验"中，如果孩子愿意等待一段时间，就能得到双倍的棉花糖。这个实验发现：**孩子愿意延迟满足的时间越长，日后的成就也就越高。**听起来是不是很棒？爸爸妈妈是不是都很想让自己的孩子也训练一下？但要注意，这个实验是有个前提的，就是对象得是四岁以上的孩子。

延迟时间与孩子的年龄有关。四岁前基本上做不到，五到六岁大约可以延迟一周，七到九岁时最多一个月。如果等待奖励的时间超过能力所及，孩子就会失去兴趣。所以，对于七到九岁的孩子，如果想让他安排一个月以上的计划，需要爸爸妈妈从旁协助，而不是放手让孩子自己做。

原因 ❸　分不清短期与长期目标

与爸爸妈妈想象的不同，小学五年级的孩子，对于长期目标和短期目标依然一知半解。如果孩子常为自己制订远大目标，却总是无法达成，当然就会变得越来越被动。其实不是他不努力，而是他希望实现的目标，三四年后才有可能达成，远超出他目前的能力。

孩子往往要到十四岁时，才能清楚分辨短期与长期目标的区别。**所以，放手让孩子自己做时，请记得跟孩子一起制订目标，让他先达成一个又一个的阶段性任务，孩子才能享受到成就感。**在你的陪伴下，孩子的主动性就会越来越强。

促使孩子自发学习的一大动机，就是与爸爸妈妈分享。你越愿意付出时间倾听，孩子就越愿意自动自发地学习。

放手让孩子自己做，并不表示爸爸妈妈全然不介入，而是循序渐进地慢慢松开我们的手。让我们当好学习顾问，给予孩子适当的建议，陪孩子制订出可行的目标，让孩子努力从中获得成就感。这样一步一步地累积成功经验，孩子就会变得越来越自觉。

行为 37

总是听不进
给予解决方法，避免犯相同错误

人犯错时，确实需要被提醒、被纠正，才会改过。但请不要忽视了人与人之间的尊重。最近整个社会大环境中有种风气，好像礼貌已成了迂腐，要像“霸道总裁”一样对待别人才是王道。与孩子相处时，也以批评、压制为主，这样真的好吗？

请爸爸妈妈在责备孩子前，不要忘记我们的初衷是帮孩子改进，而不是打击孩子的自尊。责备的目的，不是比赛谁更会损人，而是要让孩子愿意改进。你觉得把孩子的所有缺点从头到尾数落一遍，骂得他完全抬不起头来，事情就解决了吗？

责备是为了解决问题。责备孩子时一定要具体，给孩子一个明确的改进方向。否则就算孩子听你骂完，那又如何？真的就会因此而改变吗？我想，更有可能发生的，是他从此闭上耳朵，对你的责备充耳不闻吧。

相骂无好话，且常常很伤人，更何况对象是个孩子！带着数落人的语气对孩子说教，如果孩子完全不理会，伤的是数落他的你；如果他真的听进去了，伤到的却会是孩子的心。孩子真的有那么不堪吗？真的有你说的那么坏吗？还是那只是你一时的气话呢？

无论孩子是听进去了还是没听进去，只要结果不好，我们就应该思考，是否需要改变自己的沟通方式。这与管教孩子并不矛盾。

纠正孩子行为时的原则

原则❶　不在盛怒下处罚

绝不要在你盛怒时处罚孩子，那往往只是单方面的情绪宣泄，起不到真正帮助孩子的作用。**你在盛怒时的行为，很容易伤害孩子的自尊心，破坏亲子关系。**未来再想弥补又得下一番工夫。

原则❷　给予解决方法

没有提供解决方法的责备，不停地抱怨和翻旧账，对孩子一点儿帮助也没有，孩子自然一句话也不想听。按照实际情况，问问孩子他自己觉得应该如何处理。不要急着反驳孩子的想法，先静静地倾听。**当孩子思考时，会刺激大脑皮层的活跃度，大脑皮层活跃时，才能听得进你接下来讲的内容。**

原则 ❸ 不要翻旧账

即便是在气头上，也请爸爸妈妈要记住，千万不要提无法改变的事实。过去的事情，无论孩子再怎么努力，都已无法改变。请不要再将孩子犯错的陈年往事拿出来说，那只会让孩子更不愿意听你说，叛逆情绪更加高涨。

责备是为了解决问题，而不是制造问题。我们的目的是让孩子避免再次犯错。除了责备，更重要的是要让孩子知道应该做什么，这才是让孩子改变的关键。

年龄较小的孩子，如果只听到指示，难免会似懂非懂。这时，请爸爸妈妈手把手带着他做一遍正确示范，那会比说一千遍“不可以”都有效得多。

孩子是我们心中的宝贝，需要的是我们的引导。请收起职场上养成的习惯，不要夹枪带棒地对孩子说教。孩子有可能在还没学会之前，就先被我们的恶言恶语戳得浑身是伤。

行为 38

开学未收心

回忆校园美好生活，快乐迎接新学期

八月中旬，暑假已过了一多半儿，妈妈们终于要熬出头了——再撑个十多天，小朋友们就将回到校园。

这个暑假，我的两个女儿四处参观博物馆看展览，享受了一段非常充实的时光。如果说她们两个在暑假有什么进步的话，大概就是吵嘴的功力大大提升。回到学校后应该不会受欺负，因为在家里已经获得了充分训练，很会适时地坚持与妥协。

家里真被她们吵翻天了，吵到我们甚至有种想送她们去上暑期班的冲动。但吵归吵，姐妹俩的感情似乎也变得更好了，整天黏在一起。快乐的时光总是过得特别快，大概两周之后，她们就要回到幼儿园——开学了！

在暑假即将结束的时刻，有件事情必须提醒大家：假期结束前的最后一周不要安排外出游玩。如果计划出去玩儿，请再提前一个星期。孩子收心大约需要两周时间。请不要因为疼爱孩子，让他们一直玩儿到假期的最后一天。

不只是孩子，我们大人也是如此。想想每次外出旅游后再回到工作岗位，是不是常有种倦怠感，需要三四天才能完全调整过来？开学前一天还带孩子出去玩儿，第二天就要他收心，这样的要求，简直就像个陷阱。如果时间不允许，还不如让孩子待在家里好好休息，开学后反而能表现得更好。

引导孩子收起玩心，回到正常轨道

收心操❶ 调整生活作息

请帮助孩子渐渐恢复到原来的学校生活作息时间。让他早上开始早起，减少看电视的时间，增加坐在座位上的时间。不一定非得让他写字抄作业，增加静态活动的时间就好，让孩子的生活渐渐回到常态。这样当孩子返回学校时，可以在更短的时间内回归正轨。

收心操❷ 回想学校生活

和孩子聊一聊他的好朋友，回忆一下学校中的有趣事件。当孩子侃侃而谈跟朋友聚在一起的乐趣时，自然就不会再抗拒上学了。对孩子而言，朋友之间的情谊比学习更重要。

收心操❸ 采购文具用品

开学时，孩子最期待的就是购买新的文具用品。**通过准备文具、书包的过程，让孩子带着愉快的心情，重新回到学校生活。**

开学前的两周，就要进入收心预备期，带着孩子做收心操。请爸爸妈妈收起抱怨，多用积极的语句引导孩子回忆朋友，帮孩子调整好生活作息，孩子自然也就会欢喜地上学去。

千万记得在最后一周，不要再安排出游，让孩子提前做好返校的准备。

行为 39

游戏打不停
回到自然环境，满足前庭刺激

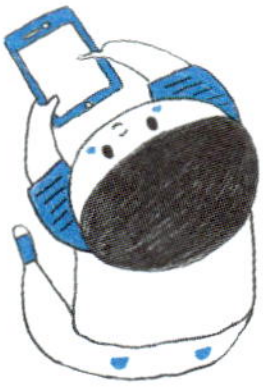

随着消费电子科技的发展，现在的生活越来越便利了。以前我们赶到公司后的第一件事，常是打开电脑收邮件和查看工作日历，现在直接打开手机，随时随地就能完成这些事项。对成人而言，智能手机是个非常强大的工具，但在孩子心中，却往往是与电子游戏画上等号的。让孩子玩手机和平板电脑，究竟是在帮助孩子，还是在挖坑给孩子跳呢？

在自然的生活环境中，前庭刺激往往是与视觉刺激同时出现的。比如，当我们进行奔跑、骑车等活动时，视野周围的景色也会同时快速移动。看到物体快速移动时，我们往往会觉得自己也在移动。就像两列火车同时停靠在站台上，当另一列火车开始移动时，我们可能会误以为自己乘坐的这列火车启动了，过几秒钟之后才会察觉其实它仍在原地。

近年来，赛车、跑酷类电子游戏越来越多，虽然并没有什么实质内容，但画面一直不停地快速变化，很容易令孩子沉迷，一玩就停不下来。这是因为孩子误以为有视觉刺激就会获得移动身体的前庭刺激，结果玩了一小时，除了眼睛疲劳，任何前庭刺激都得不到。因为一直无法获得所需要的前庭刺激，孩子就会想要持续玩儿下去，而出现一玩儿就停不下来的情况。

孩子游戏打不停的原因

原因❶ 大脑对信息的误解

孩子需要活动来获得强烈的速度感，从而获得前庭刺激。打游戏时，**大脑会误以为屏幕中快速移动的视觉变化会带来前庭刺激。**但不论孩子玩儿多久，身体始终呆呆地坐在椅子上，根本没做任何移动，获得的前庭刺激其实是零，所以他只好继续玩儿下去，深陷这个恶性循环之中，无法自拔。

原因❷ 压力过大

我们常以为，打游戏需要大脑进行大量运算，可以促进大脑功能发育。**事实上，打游戏只刺激活化了大脑的视觉区，其他思考区域却是一片空白的。**也就是说，打游戏不能促进思考，反而会让大脑放空。压力过大的孩子，特别是青少年，往往会用打游戏的方法，让自己暂时与外界环境隔离。这时爸爸妈妈不能只禁止孩子玩手机、打电子游戏，还要帮孩子找出适当的调节压力的方法。

原因❸　同伴交往压力

对于高年级的孩子来说，电子游戏有时更像是一种便于跟同伴建立话题的社交工具。**孩子可能会因为想获得同伴的注意，而开始沉迷游戏，期望在集体中获得成就感。**这时爸爸妈妈就要像大禹治水那样，用疏导而不是围堵的方法：先认真倾听孩子的想法，再一起找出适合的替代方案，做适当的筛选，以免孩子再度沉迷新的社交工具。

习惯往往是在幼儿时期培养出来的。千万不要在孩子幼儿时期，将手机、电子游戏当作让他乖乖坐好的良方，那只会误导孩子，让孩子以为视觉刺激就等于前庭刺激。结果孩子越来越沉迷于电子游戏。整个心思都被游戏绑架了，又怎能专注在学习上?

让孩子放下手中的电子游戏，回到自然环境中，通过自己的身体运动获得适当的前庭刺激，才是对孩子真正有帮助的事。

行为40 爱搞小团体

获得心理归属感，增强社交能力

孩子总爱跟同一群朋友在一起，到哪里都黏在一起，不时说着悄悄话。有朋友不是坏事，但他们总是嘻嘻哈哈地嘲笑别人，一会儿说某个同学很脏、臭臭的，一会儿又说另一个同学很笨、很丑，不愿意跟他玩儿，真让爸爸妈妈担心。有时他还会因想买某个特定的东西而哭得稀里哗啦，爸爸妈妈详细询问后才知道是因为好朋友有这个东西，所以他也得有，不然好像就会被孤立似的。苦口婆心地劝他，班上同学那么多，找其他孩子玩儿不好吗？但孩子就是死脑筋，之后又与他们黏在一起。难道要帮孩子转学吗？

不是孩子爱搞小团体，而是我们都爱搞小团体，只是大人的社交技巧比较成熟罢了。试想一下，工作中你是不是也与某位同事更谈得来、聊得好？弗洛伊德强调过归属感的重要性，感受到被需要、被信任、被接纳，就是我们喜欢待在某个小团体里的原因。相比之下，在大圈子里，一个人就像是速溶咖啡一样，搅一搅就消失了，没有什么存在感。

喜欢组织小团体，是儿童期交友的特征之一。小团体通常由五到八个同年龄、同性别的孩子组成。同一个团体里的朋友，除了一起游玩外，还会定义自己的社交规则，不让爸爸妈妈或老师知道，甚至隐藏秘密以免他人干涉。这并不是孩子在做坏事，而是孩子在心理上尝试探索独立界限，试图摆脱成人控制，营造自己的小社会的一种表现。

我们常常把搞小团体跟女生联系在一起，好像只有女生才爱搞小团体。其实研究发现：男生的小团体反而更有组织性、更团结，只是常与球类等活动相关，所以较少被发现。重点不是孩子爱不爱搞小团体，而是孩子搞的是哪种小团体。光光老师只有一个原则：孩子可以不喜欢某个同学，但是不可以欺负同学。只要这个小团体没有可能导致他人受伤的排他性，大人其实可以睁一只眼闭一只眼的。

处理孩子搞小团体的三大原则

原则❶　不让孩子有罪恶感

孩子加入某个小团体，目的是为了获得归属感，感觉自己被需要、被认同，在团体中有一个位置。当孩子向爸爸妈妈倾诉自己不能加入某个小团体时，他是无助的，这时他需要的是支持而不是批评。不要将问题归咎于孩子，责备他“你就是不会和别人交朋友”。这一方面可能让孩子感到沮丧，变得更加孤单；另一方面可能会导致孩子压抑自己，想尽办法讨好别人。这不都是我们所担心的吗？请不要让孩子觉得融不进团体中是他的错。帮孩子找到适合的朋友圈子，才能真正解决问题。

原则❷　了解孩子的亚文化

孩子渐渐长大，开始有了自己的亚文化，这有点儿像通关密语，如果你懂，那就是同一国的。这些与众不同的亚文化交流方式，比如游戏卡、在线游戏、畅销小说等，通常与课业学习无关，但却往往是孩子间的社交媒介。

化解孩子的小团体问题，最简单的方式就是了解他的亚文化，让自己成为这个小团体的“大头目”。爸爸妈妈要做的不是全面禁止，而是先了解孩子的想法，再帮他筛选合适的圈子，并给予社交建议。

原则❸　增加大团体的向心力

小团体并不坏，但是若出现两三个小团体斗来斗去，就会造成大麻烦，令全班气氛变差，从而影响到学习效率。针对这种情况，老师可以组织班级间的体育竞赛，给全班一个共同的努力目标，增加班级的向心力。**如果太强调班级内的竞赛，采用自由分组的形式，则会无形中令这些小团体的联结变得更紧**

密，让问题变得更难以解决。

孩子六岁前，爸爸妈妈的角色更像是教练，带着孩子成长；七到十二岁之间，爸爸妈妈要转型为孩子的顾问，引导孩子学会思考和解决问题；十二岁后，爸爸妈妈跟孩子的关系，应该更像是好伙伴，要把孩子视为独立的人，而不是家庭的附属品。请收起我们的指导，打开我们的耳朵。越认真倾听，越能了解孩子的想法，也就越容易给孩子恰当的建议。

第二部分

专注力不足，游戏来帮忙

专注力是一种高级能力，需要先积累许多基本能力才能发展出来。

专注力与许多成年人想象的很不一样，坐在书桌前努力练习，只能培养孩子的视觉专注力。但我们却会不断地抱怨孩子动作慢，或责怪他不好好听。事实上，除视觉外，专注力还包括听觉、动觉和情绪这三个方面。孩子需要进行全方位的练习，才能做到能静能动，动静转换自如。

让孩子专心，不能只要求孩子乖乖坐好，也不能用糖果引诱，更不能拿棍棒威胁。一味地指责孩子不专心，却不引导他采用正确的方式，只会让他越来越排斥学习，最后变得毫无动力。

接下来，就让我们抽丝剥茧，找出培养专注力的要素，引导孩子发展 20 项关键能力，让孩子学会专心，更专心地学习。

在爸爸妈妈的陪伴与鼓励下，借助小小的“视觉、听觉、动觉、情绪”互动游戏，孩子就可以在毫无压力的环境下练习，在反复练习中熟练，自然而然地提升专注力。大人的陪伴与引导，是孩子培养专注力最重要的因素。

五 视觉专注力不足

41

行为

常打翻东西

42

行为

找不到东西

43

行为

常跳行漏字

视觉是一种强势的感觉系统。人类的眼睛比我们想象的更复杂也更精妙。视觉不仅包含让我们看清事物的视力，也包含视觉感知和视觉追视。这三者都良好，才能拥有良好的视觉专注力。

视觉专注力的发展需要具备五种基础能力。让我们一起来认识它们，并帮助孩子培养出这些能力吧。

44

行为

总是写错字

45

行为

讨厌抄黑板

六 视觉专注力不足

行为46

有人叫我吗

行为47

你说什么呢

听觉是刚出生就成熟的能力，听觉与孩子的语言和认知发展密切相关。通过听，小宝贝可以在出生后短短两年内就学会一门语言。

随着科技进步，生活中视觉信息的接收渠道越来越多元，无形中阻碍了听觉的发展。爸爸妈妈们，你们知道吗？在小学阶段，听觉专注力良好与否，可是决定学习成绩的最重要的因素。

听觉专注力的发展需要具备五项基础能力，这五项基础能力奠定了孩子阅读与识字的根基。

行为48

拼音老弄错

行为49

总是放空神游

行为50

说话不流畅

行为 41

常打翻东西
双眼无法判断深浅与远近

小佑是个喜欢蹦蹦跳跳的活泼小朋友，平时总是笑眯眯的，非常有人缘儿。可是，可爱的小佑有两个小行为，总让妈妈感到很不解：到餐厅吃饭时，常会不小心打翻水杯，弄得一团乱；即使好好地走着路，也会莫名其妙地撞到旁边的东西。为什么总是这么不小心？是不是小佑的眼睛有问题？

狗是人类的好朋友。仔细观察，你会发现狗的眼睛和人类的区别很大。人类的两只眼睛都是往前看的，而狗的眼睛却是一边一个。因为狗的双眼视野没有重叠，所以看到的范围比人类的更宽广。

为什么人类的眼睛要“设计”成往前看呢？人类的双眼虽然牺牲了视野宽度，但有一个好处，就是**通过双眼视野重叠的部分，让我们更容易判断物体的深浅与远近，所以人类的立体视觉能力比狗的更好。**

大脑将双眼获得的信息差异转换成视觉深度，进而判断出物体的距离。这种能力让我们能立即判断出自己跟物品之间的距离，让我们可以一伸手就能精确地拿到想要的东西。如果孩子的双眼立体视觉不佳，就容易因错误判断而打翻东西，甚至莫名其妙地跌倒。

无法准确拿到东西的原因

原因❶ 远视眼

如果孩子是远视眼，就会看近物时很模糊，看远的东西反而很清楚。因为远视的孩子远方的东西看得很清晰，所以爸爸妈妈不容易察觉到孩子的视觉异常，往往因为无法及时发现，导致孩子双眼立体视觉能力发展受到影响。如果孩子走路时经常莫名摔倒，又没有扁平足或内八字脚的问题，爸爸妈妈可能就要往视力方面考虑了。

原因❷ 惯用眼和惯用手不在一侧

通常，我们有惯用手，也有惯用眼。绝大多数人的惯用手和惯用眼在同一侧，就是惯用右手的人就惯用右眼。少数孩子的惯用手和惯用眼不在同一侧，导致他在拿取物品时，手部动作会遮蔽住辅助眼。这就会造成大脑缺乏足够的有效信息来判断深度，从而出现距离判断错误，发生打翻东西的情况。

原因 ❸ 缺乏攀爬经验

爬树和爬攀爬架是我们共同的童年乐趣。攀爬不是孩子顽皮的表现，是他正在尝试从不同角度观察同一物品。就像我们在电脑上看三维图形，要向上下左右各个方向移动鼠标一样，攀爬高处的孩子其实在做同样的事，只是移动的不是鼠标，而是身体。但在现今生活中，不要说爬树，就连公园中的攀爬架也都渐渐地少了，孩子唯一可以自由爬的就只剩下家里的沙发了，但往往一爬上去就会被骂。在这种情况下，他的立体视觉能力怎么好得了呢？

我们生活在三维立体世界，不是二维的平面世界。孩子凭借移动身体，与物品直接互动，从游戏中学习认识这个立体的世界。书本上学得再多，也只局限在二维平面上。如果要改善孩子容易打翻东西的小行为，请把孩子放在立体世界里，多给他一些练习判断与物体距离远近的机会。

在家玩起来

小小沙包，各就各位

❶准备三个纸箱、五双要淘汰的袜子和一袋大米。

❷将大米放进袜子里，大约装到五分满，用缝衣线封口。在封口处多缝一两圈后，把袜子多出来的部分反折过来，再用线缝一次，沙包就做好了。

❸将三个纸箱放在远近不同的位置，让孩子将沙包投进指定的箱子里。

贴心小叮咛

爸爸妈妈和孩子一起练习，孩子会更感兴趣。注意不要让孩子拿随手可得的玩具练习投掷。随手拿起玩具就投，很容易让孩子留下错误的记忆。日后孩子乱扔玩具时，是要归因于大人教的，还是孩子乱丢东西呢？

延伸游戏

光光老师专注力亲子互动游戏卡
游戏 28 “王牌小投手”（3岁+）

光光老师专注力小课堂

爸爸妈妈总是担心孩子眼睛会近视，经常告诫他看电视时距离一定要远些。但绝大多数孩子因为眼球比较小，眼轴比较短，常会出现远视的症状。随着年龄增长，眼球逐渐发育成熟，会越来越接近球体，视力自然就会恢复正常。

一般来说，80％的远视孩子到五岁时，度数会渐渐降到 50 度以内。剩下约 20％的孩子，远视度数较高，眼睛可能出现容易疲劳的情况，如果双眼视差又比较大，甚至可能会出现弱视问题。

如果孩子四岁以上，常常出现揉眼睛、流眼泪的情况，还经常莫名其妙地撞到或跌倒，爸爸妈妈最好带孩子去儿童眼科做详细检查。

行为42

找不到东西
眼睛背景区辨能力不佳

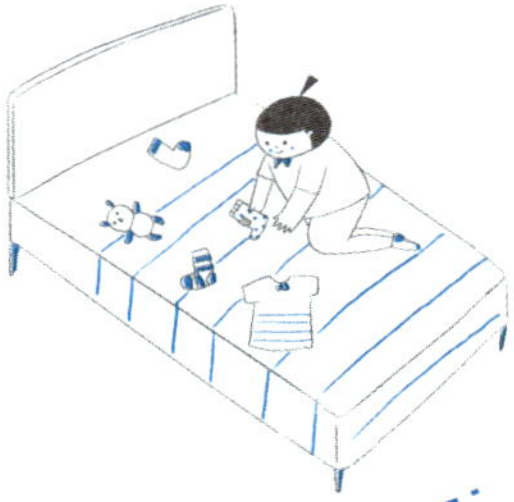

小瑜是个开朗的小朋友，平常总是笑脸迎人。就是有一点很奇怪：凡是找东西，一定要叫妈妈来帮忙。本来以为年龄小，对妈妈依赖性比较强，也没什么大不了的。但在他满五岁后，爸爸妈妈要求他自己找东西时，他居然哭着说："没有啊，我看不到啊。"究竟是孩子耍赖皮，还是真的看不到呢？真令人伤脑筋呀！

背景区辨能力是视知觉中的一项重要能力，可以让人们在复杂的背景中找出指定的物品。比如要从一个大玩具箱中精准地找出一辆小汽车，孩子必须能够区分出哪些是背景，哪些是前景，才能完成这样的任务。要实现背景区辨，需要拥有双眼立体视觉与视觉完形功能这两项能力。

依靠双眼立体视觉，我们可以判断出物体的深度，区辨出哪些物体是从背景里突出而不是融入背景，从而快速找到物品。

视觉完形功能，是指当物品被部分遮蔽时，大脑可以自动弥补被遮蔽的部分并判断出物体的轮廓，快速察觉并辨认物体的能力。

背景区辨能力不佳时，就会出现东西明明在眼前却找不到的情况。这不是孩子爱赖皮，而是因为受到干扰才找不到东西。

找不到东西，可能有三大原因

原因❶ 幼儿期移动不足

小婴儿对于移动的物品非常感兴趣。到十个月左右，小宝宝已经能够自行移动身体，这时正是发展视觉能力的一个重要时期。小婴儿移动身体时，视野会跟着移动，当他突然发现背景不会动，但前景会移动时，就会更认真地注视。早期的移动经验能帮助孩子察觉物体的存在。如果在幼儿期孩子常常待在家里不动，背景区辨能力就会受到限制。

原因❷ 家里过度干净

家中装潢过度一致，全是同样的色调，不利于孩子背景区辨能力的发展。就像是在白色的地板上放一张白纸，要判断纸在哪里是一件相对困难的事。如果家里还打扫得非常干净，孩子练习寻找物品的机会就会更少。由于缺乏足够的经验刺激，孩子在背景区辨时就会出现困扰。其实，有时候家里不用收拾得太干净。偶尔的小凌乱，反而可以给孩子更多的练习机会。

原因❸ 视觉完形功能不佳

明明东西就在眼前，只是被衣服盖住了一小部分，很多孩子就怎么也看不出来它是什么了。不是孩子的眼睛有问题，是他的大脑无法自动补全不完整处，直到拿掉衣服后，他才恍然大悟，原来藏在衣服下的就是要找的东西。

最有趣的背景区辨游戏，就是走进大自然，带着孩子一起找昆虫、捞鱼虾。请爸爸妈妈趁着孩子年龄小，正喜欢动物的时候，带他去动物园，玩“动物捉迷藏”的游戏。

孩子现在生活的世界和我们小时候已经大不相同。如果还想用过去的成长经验带孩子，要改变的可能不是孩子，而是我们的想法。

在家玩起来

玩具藏宝箱

❶准备一个大箱子、一包小弹珠、一堆乐高积木，以及十几个小玩具。先用手机给小玩具一个一个拍照。

❷和孩子一起，将所有东西放进大箱子里，随意混合起来。

❸请孩子找出照片里的小玩具。比比谁最快。

贴心小叮咛

市面上有许多训练背景区辨能力的游戏绘本，比如《威利在哪里》《I SPY 视觉大发现》等。爸爸妈妈可以带着孩子一起玩儿里面的游戏，多多训练背景区辨能力。

延伸游戏

光光老师专注力亲子互动游戏卡
游戏 25“动物猜猜猜”（3岁+）

光光老师专注力小课堂

孩子总找不到东西，还有可能是以下两种原因。这两个原因的根源是一样的，就是妈妈“太体贴”。

第一种是过度依赖：孩子想要什么都不用说，妈妈靠心电感应就会帮孩子找到，孩子当然不用练习自己找。孩子四岁后，已经具备了基本的自我照顾能力，妈妈们要学着放手，给他自己练习的机会。不然等到七岁后，孩子已经形成依赖性，就很难再调整。

第二种是拥有太多：爸爸妈妈给孩子买了太多的东西，超过了他能自理的程度，导致环境过于复杂，即使成人找也要花五六分钟，孩子自然就更不愿意自己找。有时不是孩子不配合，而是我们给予的太多。可以先准备三个箱子，带着孩子一起整理，将物品分成三类：每天用的、偶尔用的、几乎不用的，东西变少了，找起来自然就不会那么费力了。

行为43 常跳行漏字 眼球追视能力不佳

小金是个聪明的小朋友，平常最喜欢听成人说话，常随口说出令人惊讶的词语，明明没人教，他自己就学会了，非常厉害！大家都觉得小金上小学后定会表现良好，没想到他却出现了适应不良的情况。平时小考还好，一遇到大考，他就会粗心大意漏写题目，有一次甚至漏写了一整面的试题。爸爸陪着小金订正时，发现所有题目他都会做。这让爸爸头痛不已，究竟哪里出问题了呢？

要弯曲手臂，只需用到两条肌肉，一条负责弯曲，另一条负责伸直，就可以完成动作；但运用眼球时需要的就不只有上下左右四条肌肉，还有两条负责左右旋转的肌肉。大脑必须同时控制、协调这六条肌肉，不然就会跳字漏行。孩子在大量阅读时，若无法控制好这六条肌肉，就很容易出现粗心大意的情况。

我们看东西时，眼球有两个动作系统：一是看人需要用到的“凝视”，就是固定眼球，视线看着前方某一物体，头部随意上下左右转动，但视线中的物体依然保持稳定不动；二是看球需要用到的“追视”，就是头部不动，转动眼球来看物品。

眼球追视动作不够灵活的孩子，在幼儿园阶段基本没有太大问题，因为那时大多数活动是凝视活动。但当他升入小学阅读量增加后，眼球追视发展不佳的问题就会渐渐表现出来。**眼球动作不协调，导致孩子必须先把头“固定”好，才能稳定地看书，所以就会出现孩子趴着身子或撑着头看书的情况。**

导致眼球追视能力不佳的原因

原因 ❶　未形成固定的惯用眼

孩子还没有形成固定的惯用眼，两只眼睛不会彼此合作，反而相互争夺控制权。在横向阅读时，会因为双眼协调不佳而出现眼球晃动，使得阅读时产生跳行漏字的情况，当然也就容易因为粗心不喜欢阅读。

原因 ❷　缺乏玩儿球经验

过去，小皮球是非常常见的一个玩具。孩子只要带着一只皮球出门，就可以玩儿上一整天。想想小时候，你是先学会抛接球的，还是先学会阅读的？恐怕是抛接球吧。球类游戏可以帮孩子发展出良好的眼球追视能力，更有效地帮助阅读！

现在的孩子，不要说玩儿球，只要拿起球，成人就神经紧张起来，生怕他下一秒就会打破东西或受伤。孩子练习的机会越来越少，学习的时间却越来越提前，产生的问题当然也就越来越多。

原因 ❸ 使用电子产品时间太长

根据功能，人类的视野可以分成“中央”和“周边”两种，前者负责区别物品，特点是速度慢、结果较精细、以静态为主；后者负责察觉物品，特点是速度快、结果较粗略、以动态为主。要促进孩子的观察周边视野能力，必须增加打球、接球等动态活动。

但是以电子游戏为代表的电子产品，利用过度刺激视觉的画面，一再诱导孩子用中央视野去看快速移动的画面，所以越打电子游戏，眼球动作能力就越弱。孩子的大脑被搞糊涂了，用中央视野看动态画面，却用周边视野看静态画面，眼球动作也随之乱成一团。

回想小时候，孩子最爱玩的玩具就是拍皮球。通过拍皮球、扔纸飞机、捞蝌蚪等游戏，自然而然就能发展出眼球动作。不知不觉，这些活动已被爸爸妈妈的手机取代，孩子不再玩球，缺少练习眼球动作的机会，自然就容易粗心大意。帮孩子不是责备孩子，而是引导孩子走向正确的方向，让我们跟孩子一起来练习吧。

在家玩起来

接住反弹球

❶准备一个小皮球。

❷用纸胶带在墙壁上贴出一个 30cm×30cm 的方框。

❸请孩子站在距墙壁约 120cm 处，试着将小皮球准确地投入方框里。可根据孩子的能力，适当调整孩子与墙壁之间的距离。

❹鼓励孩子把球抛向墙壁，让球反弹到地板上再接住。让孩子多多练习，争取连续做 30 次。

贴心小叮咛

孩子的接球动作与年龄相对应：两岁时多以胸口挡球后再抱球；三岁时可以用前臂抱住球了；四岁后才能用手掌接住球。最好在孩子五岁之后再练习接反弹球。请爸爸妈妈不要操之过急，一定要按照孩子的年龄和发展阶段来练习。

延伸游戏

光光老师专注力亲子互动游戏卡
游戏 04“旋转木马哗啦啦”（4 月 + ）

光光老师专注力小课堂

眼球动作不佳，并不是斜视。斜视，是指两只眼球的视轴不能同时放在同一个物品上，导致外观看起来两眼瞳孔位置不对称。斜视有内斜视和外斜视两种。

小婴儿刚出生时，肌肉骨骼还在发展中，连脖子都是软绵绵的。负责控制眼球动作的肌肉群也是如此，如果孩子出现了暂时性斜视，爸爸妈妈不用过度担心，随着年龄增长，斜视会慢慢改善。如果孩子是先天性斜视，则可能是因为眼球肌肉过短，限制了眼球动作的幅度，建议请专业眼科医生评估，看看是否需要手术矫正。如果需要手术，建议在孩子六岁前做，效果会比较好。

行为 44

总是写错字

不易分辨物品细微差异

小勋是个善良的孩子，性格温和，也很有礼貌，给人一种很温暖的感觉。就是有件事特别让妈妈伤脑筋：他总是记不住汉字字形，前一天刚学过的字第二天就忘光了。不管怎么提醒他字写错了，他都看不出错在哪儿。老师和妈妈用尽各种教学方法，他就是学不会。究竟是眼睛有问题，还是脑子有问题？

视觉区辨能力，是指眼睛可以分辨出物品的细微差异（比如角度、大小、长短等），让大脑可以快速察觉并做出适当反应的能力。这对于孩子辨识物品、察觉环境和识字学习，都扮演着非常重要的角色。

视觉区辨能力不佳的原因，最有可能的就是视力问题，比如弱视、散光，属于生理限制。

视觉区别能力有问题的孩子，碰到形近字，比如“未、末”“千、干”“士、土”“田、由”时，明明是两个意义完全不同的字，他却看半天也分不出差别，当然也就容易搞混。

“独体为文，合体为字。”如果连简单的“文”都难以区辨差异，等到学习更难的“字”时，更会因为看不出部首差异而产生混淆。如果在认字上形成困扰，长久下来就可能出现抗拒学习的情况。

视觉区辨能力不佳的原因

原因❶　缺乏涂鸦经验

涂鸦是孩子与生俱来的一项能力，也是一项非常好的视觉区别训练。孩子通过组合色块、线条，创造出一幅又一幅的图画。只不过他们常常一开始想要画狗，最后却画成长颈鹿。借助反复涂鸦的过程，孩子不仅熟练了如何使用绘画工具，更重要的是形成了对线条、角度、形状的概念，这些也是视觉区辨的基本元素。

原因❷　交叉概念不佳

孩子到了四岁，开始会画 X（交叉线条）后，就正式进入了学习写字的阶段。交叉线条，就是让一条线穿越另一条线。四岁以前的孩子，常会将 X 画成四个线段，这是因为交叉概念尚未发展成熟，爸爸妈妈不用特别担心。

在孩子还无法画 X 前，不建议教孩子学写字，会导致孩子养成用硬记的方式学习汉字的习惯，等到小学四年级开始学习笔画超过十二三画的生字时，很容易因为学习策略错误导致成绩一落千丈。

要促进交叉概念的发展，最好的方式就是穿珠，通过用线穿过珠子的过程，让孩子了解“穿过”的概念。

原因 ❸　角度判断不佳

汉字中，除有竖笔、横笔之外，还有许多斜笔，书写时倾斜的角度差一点儿，可能就算写错了。要让孩子明白倾斜30度、45度、60度、90度、120度的差别，基本是不可能的。不过，爸爸妈妈不用太担心。经久不衰的益智游戏七巧板，就是最好的角度判断练习游戏。带着孩子玩儿七巧板，可增加孩子对角度判断的敏感度，自然就能学会分辨角度的细微差别，为识字打好基础。

涂鸦会带给孩子极大的乐趣。笔对于孩子，就像是哈利·波特的魔杖，拥有创造的魔力。孩子需要我们给予适当的环境，鼓励他创造与练习，而不是一味地批评。通过涂鸦、画线条和创造的过程，孩子就能自然地发展出视觉区辨别能力，为日后的学习奠定基础。

涂鸦不是孩子在浪费时间，而是在为未来做准备。对孩子有足够了解的大人，为了孩子的快乐成长，不会处处限制孩子。

在家玩起来

我是小侦探

❶准备一台可拍照的平板电脑（或智能手机），以及十个小物品。

❷将物品随意地放在客厅里，有的放在茶几上，有的放在沙发上。逐一拍照记录，之后随意拿走其中五个。

❸请孩子当小侦探，戴上帽子，拿着放大镜，对照照片仔细看看，小偷拿走了哪些东西呢?

贴心小叮咛

市面上有许多主题为“找不同”的游戏书，仔细观察、比较书中图案的细节差异，也是很好的视觉区辨练习哟。

延伸游戏

光光老师专注力亲子互动游戏卡
游戏36“抽出大赢家”（4岁+）

光光老师专注力小课堂

识字是一项非常复杂的大脑思维过程。孩子不仅需要运用视觉，还要配合听觉与动觉，才能有效地记住汉字。为了孩子顺利进行识字学习，爸爸妈妈要帮他培养下列两种能力。

一、音韵分析：识字时，除分辨字形外，孩子还得结合音韵记忆。如果在拼音学习上有困难，无法分辨同音异义字，就容易写别字，例如把“工作”写成“工做”，把“公司”写成“工司”。

二、顺序概念：记忆笔画也很重要。如果孩子笔画记忆错误，就容易缺笔漏画，比如把“未来”写成“木来”，把“小犬”写成“小大”。

行为45 讨厌抄黑板
手眼协调能力不佳

小奕是个好强的小朋友，一有比赛机会，就会激起好胜心。他什么事都想争第一，只有抄写黑板上的作业这件事，却宁可慢慢来。其他小朋友一会儿就能抄完，他到第二堂课都还没抄完，总是拖拖拉拉的。不管老师和妈妈怎么催促、提醒，小奕嘴上答应得好好的，但还是常常只抄一半。明明写字很快，为什么就是不能好好抄写黑板上的作业呢？

人们常误以为，写字快的人抄黑板上的内容也应该快。其实，近端抄写与远程抄写是两项不同的能力。

如果是抄写同学已经写好的，自己和同学的本子都放在桌面上（同一平面），就是近端抄写；如果家庭作业记录本放在桌上，要抄黑板上（不同平面）的字，就是远端抄写。两者最大的差异，就是在做远程抄写时，头部必须不停地转动，在视觉需求上较为复杂。

手眼协调能力不佳的孩子，远端抄写能力弱，就可能出现经常漏写，甚至不清楚自己写到哪儿了的困扰。如果爸爸妈妈一味责备，只会令孩子倍感挫折，反而更不愿意配合，导致问

题变得越来越严重，甚至出现情绪问题。

远端抄写不佳，有三个可能的原因

原因❶　眼球策略转换不佳

眼球动作有两种，分别是凝视与追视。抄写黑板上的家庭作业安排，需要孩子在这两种动作之间快速转换。看黑板阅读文字时，需要追视；从黑板转换到纸本上时，需要凝视；接着写下文字时，又需要追视……如此反复转换才能抄完黑板上的家庭作业。如果孩子在策略转换上有困难，就会产生抄写速度过慢的问题。爸爸妈妈可以引导孩子多玩儿往上抛接球的游戏，让孩子在游戏中，锻炼不同眼球动作的转换，就能提高抄写速度。

原因❷　手眼协调能力不佳

如果孩子的手和眼睛的配合能力不好，当他抬头时，放在桌上拿笔的手就会不由自主地移动一下。结果每写一个字，他就得把笔重新移动到正确的位置上，这么移来移去，写字速度自然就快不了。手眼协调能力在孩子四岁时开始萌发，到他七到九岁间基本成熟。玩儿飞盘、打羽毛球或棒球都是很好的训练手眼协调能力的活动。建议爸爸妈妈趁着周末时间多带孩子到户外玩一玩，为孩子的手眼协调打好基础。

原因 ③ 抄写策略错误

抄写时应该以字为单位，而不是以笔画为单位，效率才会高。一方面，先读出字的发音，然后再写，就不会抄了半天还不清楚自己究竟抄到哪里了；另一方面，以字为单位可以减少抬头低头的次数，降低失误的频率。爸爸妈妈可以与孩子一起，一边大声读一边抄写，慢慢改变孩子的抄写习惯。孩子熟练后自然就会加快抄写速度。

了解孩子的需求，永远是帮助孩子的第一步。很多时候，不是孩子耍脾气，而是我们对他的行为了解太少，所以无法帮助他解决困难。孩子都想获得赞美，也愿意表现出他最好的一面，只是有时需要面对的挫折，超过了他能够解决的范围，才会出现抗拒的情绪。

请帮孩子找到问题的源头，教他适当的方法。当孩子觉得有用，自然就会乖乖配合。请记得，让孩子听话的最好的方式，就是帮孩子获得成功。

在家玩起来

彩虹密码

1. 准备一块画板、一张小桌子、一张 A4 纸、一个有格子的笔记本、四种颜色的圆点贴纸、一个秒表。
2. 在 A4 纸上贴上五列圆点贴纸，每列贴上 12 个圆点贴纸，相邻的贴纸颜色尽量不一样。准备好后，再把 A4 纸粘在画架上。
3. 将四种颜色的圆点贴纸交给孩子，让孩子按照颜色把贴纸贴在笔记本上。爸爸妈妈可以与孩子比赛，看谁动作更快，贴得更正确。
4. 用秒表计时，贴错一个加五秒。秒数最少的就是赢家。

贴心小叮咛

如果孩子的速度很慢，爸爸妈妈可以教他“四个一数”的方法，比如红黄蓝绿，这样可以明显提高速度，也不容易出错。如果孩子依然无法完成，可以把 A4 纸改放在桌上，让孩子先熟练几次，再尝试粘在画架上练习。

延伸游戏

光光老师专注力亲子互动游戏卡
游戏 20“撕画大创作”（2岁+）

光光老师专注力小课堂

提醒爸爸妈妈，当孩子不愿意抄写黑板上的字时，首先要搞清楚，如果换成近端抄写的话，孩子能做到吗？如果他连近端抄写都有困难，问题可能就出在书写效率上。

爸爸妈妈可以先观察孩子的握笔姿势是否正确，如果他没有足够的拇指肌肉力量，是用夹住笔杆的方式写字的，就比较容易疲惫。用握笔器辅助训练，用粗铅笔写字，或练习剪厚纸板，都能提高孩子的拇指肌肉耐力，让他写字更轻松。

请爸爸妈妈帮孩子定出需要解决的难题的先后顺序，一次先努力解决一个。有了成就感，孩子自然就愿意配合了。

行为46 有人叫我吗 听觉定位能力弱

小惠是个很乖巧的小朋友，待人贴心，做事细心，唯独有一个小缺点让妈妈伤透了脑筋，就是妈妈叫他，他总听不到，叫上好几十次，他还是一点儿反应也没有。常常搞到妈妈暴跳如雷，向他大吼，小惠才会很无辜地说：“刚刚您在叫我吗？”平常明明一点儿小声音他都听得很清楚，为什么就是听不到叫他呢？是不是故意不听话呢？

我们的耳朵除了可以辨别不同的声音外，还有一个非常重要的功能就是听觉定位——觉察、辨别声音来源。**当两只耳朵听到一个声音时，会将信息分别传递到大脑，大脑分析两者间的细微差别（时间、强弱），辨出声音来源后，才会启动注意力，去识别声音里的内容，并将其中的含意破译出来。**

听觉定位能力比较弱的孩子，觉察声音的速度太慢，得花好长时间才能分辨出声音来源，不管他注意听的时间长短，听话时都只能听到后半段，所以常被误解为故意不合作。其实孩子只是听觉定位能力比较弱，而不是故意不听话。

听觉定位能力弱的原因

原因❶　听力受损

如果孩子的一只耳朵听力较弱，导致大脑无法通过音量大小差异分辨出声音来源，孩子就会出现无法准确判断声音来自哪个方向的情况。爸爸妈妈如果担心孩子的听力，最好带孩子到医院耳鼻喉科做个听力检查。

原因❷　环境嘈杂

如果生活环境较嘈杂，孩子又无法过滤环境的背景音，就会导致他在判断声音时备受干扰。现在很多成年人回到家的第一个动作就是开电视，虽然并没有看，却一直放着声音，这对孩子就是一种干扰。

原因❸　经验缺乏

回想我们小时候的一些生活经历，比如捉蝉、抓青蛙等，主要依靠的感觉器官并不是眼睛，而是耳朵，不是吗？与大自然互动时，我们得先静下心来听，辨出声音来源，再用眼睛认真找。现在的孩子缺乏的就是这样的经验。建议爸爸妈妈通过游戏多给孩子提供一些类似的练习机会，就能在无形中增强他的听声辨位能力。

由于环境与生活方式的改变，使孩子失去了很多练习听觉定位能力的机会，但是对于这个能力的需求依然存在。

听觉定位能力不好的孩子，在家里并不会有太大的困扰，毕竟家里多数是一对一地说话，顶多就是反应慢半拍。在学校遇到集体讨论时，大家你一言我一语，问题就会变得很麻烦。孩子常会因搞不懂到底是谁在说话而出现大脑混淆，当然也就无法参与讨论，甚至显得沉默寡言，影响在校表现。

不是孩子不愿意搭理人，也不是天生反应慢，而是孩子的练习机会少。让我们一起带着孩子练习，很快地孩子就会变得很听话了。

在家玩起来

找出小青蛙

❶准备两部手机，将铃声改成蛙鸣。

❷让孩子闭上眼睛，悄悄把一部手机藏起来。

❸拨打被藏起来的手机号码。请孩子仔细听，将这只“小青蛙”找出来。

贴心小叮咛

孩子更容易分辨出高音频的声音来源。如果他一直找不到，爸爸妈妈可以将铃声改成铃铛声或是鸟鸣声，这样孩子会比较容易成功。

延伸游戏

光光老师专注力亲子互动游戏卡
游戏 03“听听在哪里？”（4月 + ）

光光老师专注力小课堂

叫了孩子老半天，他却一直没反应，这还有两种可能的原因。一是孩子觉得叫他总没好事，所以一听到你叫他，大脑就会直接把声音过滤掉。

请不要每次叫他都是责备，要适当给予他一些赞美或鼓励，让孩子建立“叫我也可能是要鼓励我”的良性联结。当孩子不小心错过了几次肯定的鼓励后，自然就愿意打开耳朵接受你的呼唤了。

另一种情况是孩子过于专注。当孩子专注于某件事时，大脑会全神贯注地思考与执行，暂时听不到外界声音。如果是这种情况，爸爸妈妈应该开心才是，这说明孩子的专注力很好。这时要调整的反而是大人的心态，不要不停地抱怨孩子不配合，而是我们要给予孩子再多一点儿耐心。

行为 47 你说什么呢 听觉记忆能力弱

小达是个活泼的小男孩儿，非常喜欢发表意见，整天讲个不停。但有件事让成人担心不已，就是和他说话时，同一句话定要说上两三遍，他才能搞懂语意。刚和他说完话，他的反应不是“啥？”，就是“刚才说什么呢？”真是让爸爸妈妈伤透了脑筋。为什么不能一次就听清楚别人讲的话呢？

听觉记忆能力，是将耳朵听到的信息记忆下来的能力。比如路上偶遇了久别未见的同学，即将告别时互留电话号码，在对方报出一长串很陌生的数字后，我们能立即复述一遍，之后再存到手机上，这种可以立即复述的能力就是听觉记忆能力。至于能记住多长的数字串，则与听觉记忆广度有关了。

如果孩子听觉记忆广度不足，比如一次只能记住七个字，当爸爸妈妈说了一句含有十二个字的话时，就会出现听不全的问题。要重复说两三次，孩子才能在大脑里拼凑出一句完整的话。当孩子常说“啥？”时，是因为他真的没听完整，而不是分心，这是听觉记忆广度不足的表现。

听觉记忆能力不佳的原因

原因❶ 视觉刺激过多

通过眼睛看，回想脑海中曾见过的景象，是视觉记忆；通过耳朵听，回忆脑海中曾听过的声音，是听觉记忆。随着电子产品的普及与流行，在社交媒体上传照片已经不够了，要分享视频才能吸睛。受大环境影响，现在孩子也过度依赖视觉记忆，针对听觉记忆的练习大量减少。

原因❷ 唱歌太少

听到一个旋律，即使不熟悉歌词，我们仍可以哼出曲调，因为旋律能帮助记忆。人们在说话时，需要整合词汇和语调两个因素，才能正确表达含义。唱歌可以训练对语调的感受力，爸爸妈妈可以带着孩子多唱歌，先记住歌曲的旋律，再反复练习，他就会越记越多，听觉记忆广度就会得到提升。

原因❸ 词汇量较少

孩子词汇量的多寡，也会影响到听觉复述广度的表现。就像是要求一个没学过日语的中国人复述一段日语，一定会比复述一段汉语困难得多。孩子也面临同样的难题。词汇量不足会增加他复述上的困难。多给孩子讲故事、读绘本，有助于增加他的词汇量，也能增强他的听觉记忆能力。

视觉是一种强势的感觉。大脑在处理视觉信息时需要耗费大量能量。我们把手机给孩子玩儿时，无意间给了孩子过多的视觉刺激，迫使他的大脑优先处理这些视觉信息，自然就会抑制它对听觉信息的处理。不要把手机当作孩子保姆的同时，又怪孩子不肯听你说话。

在家玩起来

我是复读机

1. 准备一些卡片，在上面写一串数字，从四位数开始，渐渐增加到九位数。
2. 抽出一张卡片，读出上面的数字，例如 6012，请孩子复读。
3. 孩子四位数能做到百分百正确后，就增加为五位数，一直练习到孩子能够正确复读出九位数为止。
4. 鼓励孩子复读电话号码或车牌号，也有相同的练习效果。

贴心小叮咛

当孩子能够正确地复读数字后，就可以开始练习短句复读了，例如“我最喜欢的颜色是红色、黄色、蓝色。”请孩子听到后立即复读出一模一样的句子。也可以准备一本孩子喜欢的故事书，你读一句，让孩子跟着读一句，也是相当不错的练习。

延伸游戏

光光老师专注力亲子互动游戏卡
游戏 45“小小演奏家”（5岁＋）

光光老师专注力小课堂

听觉记忆能力比较弱的孩子，爸爸妈妈和他说话时，一定要让他看着你的嘴巴。通过看到嘴巴动的次数，孩子可以察觉自己有没有漏字，才能更容易听懂你在说什么。

有时孩子听不懂，或许还有下列两种可能性。一是听不清。如果孩子的音韵觉察能力不佳，听到成人用比较快的语速说的内容时，会有两三个字挤在一起跑进耳朵里的感觉，容易把它们听成另外一个字。音韵分析能力不佳的孩子，特别容易把“不要”听成“要”。

二是听不懂。如果孩子的听觉理解能力出了问题，就会出现明明听到了却不懂句子含意的情况。他能够百分百正确地复读别人刚说过的话，却不懂是什么意思。

行为48 拼音老弄错
音韵觉察能力不佳

小晞是个很聪明的小朋友，才上大班就已经认识很多汉字了，也很善于辨识路边的招牌。但奇怪的是他却怎么也学不好拼音，尤其分不清二声和三声。他明明都已经会写更难的汉字了，怎么却弄不懂相对简单的拼音呢？究竟是哪里卡住了？

耳朵在人体感官中，负责扮演区辨的角色。耳朵分辨声音间差异性的能力，被称为音韵觉察能力。学习语言时，婴儿的大脑会自动地将听到的语音加以统计、区变与归纳，找出语音的最小单位——音素。比如听到“家”和“甲”这两个听起来有点相似却又不太一样的字时，孩子会找出两者之间的差异，分析出j、i、a这三个音素，通过反复听话与说话的过程，渐渐纠正自己的咬字发音，最后归纳出所有的音素。

音韵觉察能力比较弱的孩子，常会出现过度归纳的问题，就是把相近音误以为同一个音，混淆它们的拼音。临床上也发现过将几个元音混淆的孩子，识字学习受到连带影响。

孩子音韵觉察能力不佳的原因

原因❶ 同时学习多门语言

随着身边需要学习的语言种类越来越多，大脑需要归纳出的音素也跟着变多了，增加了音素运用的难度。学汉语拼音要记住 23 个声母和 24 个韵母，学英语要学 26 个字母，可能有些孩子还需要学日语五十音。需要记忆的音素太多，早已超过了孩子能够接受的范围，更别提还要拼读出来。

请爸爸妈妈注意，让孩子同时学习三种以上语言的做法，有可能推迟孩子开口说话的时间。

原因❷ 发音咬字不佳

孩子发音咬字不佳，跟照顾者是否有严重的方言口音关系密切。如果孩子长时间面对“听到”和“说出”的音不一致的情况，他的大脑会误以为两者是相同的，从而影响他的音韵觉察能力的提高。

两岁多的幼儿，说话有点儿娃娃腔，也是难免的，爸爸妈妈不用刻意非得将他的发音矫正到字正腔圆。但孩子长到四岁半后，如果说话还是不清楚，最好去医院接受一下语言治疗。

原因 ❸ 符号系统混淆

学习拼音时，孩子必须记忆每个抽象符号对应的指定声音。所以一定要错开汉语拼音和英文字母的学习时间。临床上常见到将汉语拼音 y 读成英文发音的孩子，不是孩子脑筋不灵光，而是把汉语和英语混在一起，表现出来就是学习效率差。

以前，一年级教室里最常听到的声音，就是孩子们那稚嫩可爱的读书声。大声朗读可以在嘴巴和耳朵间建立一个紧密联结，进而帮助孩子提高音韵觉察能力。如今的孩子需要学习的科目越来越多，朗读的时间却越来越少了。有机会请多带着孩子一起大声朗读吧，那就是最好的发音练习。

在家玩起来

唱出好音韵

❶唱童谣《伊比呀呀》，训练孩子的口形变化能力，提高发音准确度。

伊比呀呀 伊比伊比呀 伊比呀呀 伊比伊比呀

伊比呀呀 伊比伊比呀 伊比呀呀 伊比伊比呀

❷唱童谣《爆米花》，训练孩子的口形变化及发音区别能力。

哔哔剥剥哔剥剥 哔哔剥剥哔剥剥 爆米花 爆米花

一颗玉米一朵花 两颗玉米两朵花 很多玉米很多花 有一颗玉米不开花

问一问它 为什么你呀不开花……

贴心小叮咛

并不是只有拿着课本才叫“学习”。在我们与孩子哼唱童谣的过程中，不只是在游戏，还培养了孩子的音韵觉察能力。

延伸游戏

光光老师专注力亲子互动游戏卡
游戏10“请你跟我这样说”（10月+）

光光老师专注力小课堂

有些患自闭症的孩子拥有与众不同的天赋——绝对音感。只要听别人弹一次乐曲，他就可以马上记忆下来，弹出一样的旋律，甚至一个音符都不会错。你会不会觉得很奇怪，既然他有绝对音感，为什么不能说话呢？

那是因为他们将语音音素切割得太细，就连两个人说的同样的字，也会被他们视为不同的音素。比如某些方言的发音与普通话略有不同，但一般人依然听得懂，而自闭症的孩子却完全不能理解。由于大脑将音素归纳得过细，产生了分类与组织困扰，他们在学习语言时困难比较大。

行为49 总是放空神游 听觉理解能力不佳

麦克是双胞胎中的弟弟，与哥哥出生的时间间隔不到十分钟，性格却完全不同。哥哥活泼机灵，他则温柔文静。常常大人刚说一句话，哥哥马上抢答，麦克则默默地跟着做。爸爸妈妈起初不觉得哪里有问题。直到老师反映“麦克在学校常发呆”，妈妈才开始警觉：麦克是不是哪里怪怪的？回到家，妈妈问问题时刻意不让哥哥先回答，才发现麦克竟然完全没反应。究竟是太依赖哥哥了，还是哪里不对劲呢？

当耳朵听到一连串的字，通过听觉神经传到大脑后，听觉中枢会将这些如同电报密码似的信息，转译成可以理解的语言，这个过程被称为“听觉理解”。值得注意的是，孩子能够复读完整的句子，并不代表他就理解了句意，因为这两个是完全不同的功能。就像是当你听到一句英文，虽然可以跟着复读正确，却不一定能理解其中的意思。

听觉理解能力佳的孩子，对指令的配合度比较高，也能立即给予反馈；听觉理解能力弱的孩子，不是不肯听话，而是听不懂，所以不得不一直等着，等到别人开始行动了，方才明白刚才听到的指令是什么意思。这样的孩子在上幼儿园时，老师说完指令后会做大量的示范，所以还跟得上学习进度。进入小学后，老师的示范大大减少了，他经常听不懂老师的讲课内容，就会忍不住放空发呆，随之渐渐出现学习障碍。

听觉理解能力不佳的原因

原因❶　音韵觉察能力不佳

听觉理解能力较弱，并不是听力受损，而是音素辨识能力较弱。无法清楚地分辨音素，就无法迅速地对语句做出反应。老师说一句话，他会漏听其中的一两个字，或因为无法分辨发音相似的字词，误解老师的意思。多让孩子练习诵读韵文，有助于提升他的音韵觉察能力。

原因❷　常用娃娃腔

四岁之后，是孩子学习词汇的好时期，这时爸爸妈妈要尽量减少使用娃娃腔。比如下雨天出门，眼前有滩水，要跟孩子说“不要踩小水洼”，而不是“不要踩水水”。孩子听觉理解能力不佳，最常见的原因就是词汇量不足，如果大人一直使用娃娃腔，孩子就很难学到新词汇。在日常生活中，多和孩子说话，多引导孩子观察身边的事物，鼓励孩子问问题，就是在丰富孩子的词汇量。

原因❸ 语法规则不佳

语言必须遵守一定的语法规则，才能正确地传达含义，比如把“你把香蕉递给我”说成“香蕉把你递给我”，虽然可以猜得出意思，但感觉很奇怪，如果说成“你香蕉我递”，就会让人一头雾水。语法规则非常重要，同样一组字词，顺序颠倒了，意思就可能完全不一样。如果孩子同时还学习着其他语言，不同语言之间的语法差异过大的话，也会让孩子在语意理解上产生困扰。

进一步追踪研究发现，如果孩子的听觉理解能力比较弱，进入小学后出现阅读理解困扰的比例会明显增高，爸爸妈妈一定要多多注意。

孩子的语言理解能力需要在反复提出疑问并获得解答的过程中逐渐积累。孩子在四五岁时，常会不停地问“为什么”，并不是孩子在找麻烦，而是孩子在练习理解力。请爸爸妈妈多点儿耐心，别急着回答孩子，引导孩子翻阅书本找出答案，就是最好的语言理解练习。

在家玩起来

大家猜一猜

❶准备一些有趣的小谜语，用一些小贴纸当奖品。

❷爸爸妈妈中一个人负责出谜题，另一个人和孩子组成一队猜谜，防止孩子完全想不出答案而失去积极性。例如：

天空中，什么东西有时是圆圆的、有时是弯弯的，晚上才看得见？

桌子上，什么东西圆圆的、浅浅的，可以用来装好吃的水果？

贴心小叮咛

如果孩子已经六岁以上了，爸爸妈妈可以改用含有四五句话的短篇小故事，要求孩子答出里面的内容。最简单的方式，就是拿一份低年级的阅读测验卷，把里面的题目读给孩子听，请孩子回答。

延伸游戏

光光老师专注力亲子互动游戏卡
游戏 33 “收拾小超人”（3岁 + ）

光光老师专注力小课堂

从大脑的神经结构来看，语言系统可分为接收性语言系统和表达性语言系统两种。

接收性语言系统位于大脑的韦尼克区，负责记忆与理解语言。如果这个区域受伤，病人就会出现语言理解困难、说不出事物名称等症状，但仍能流利地说话，不会出现发音困难。

表达性语言系统位于大脑的布罗卡区，负责语言表达与发音。如果这个区域受伤，病人会出现说话速度变慢、发音不正确、说话像发电报等症状，但他的听力和阅读能力不会受到太大影响。

因此，孩子爱说话不等于听得懂。临床上有许多被大人错怪的孩子，表现就是很爱说话，但都听不太懂，结果被误解为爱调皮捣蛋。

行为 50

说话不流畅
语言表达能力不佳

小宏是个正读小学一年级的内向小男孩儿，长得白白胖胖，超级可爱。温暾的他，好像没什么个性，不管跟他提什么要求建议，他都只会说“好”。有时候需要他开口说话，他也总是支支吾吾的，说了老半天却一直是“这个……那个……”的。妈妈以为小宏只是害羞而已，也没太在意。但是最近小宏与还在上幼儿园的弟弟吵架总是吵输，问他原因，他又讲不出来，这真让妈妈担心，他在学校里会不会总被人欺负呢？

语言表达，就是将大脑中的想法通过语言传达给别人的能力，需要表达者仔细地聆听别人所说的内容，并将声音转换为能与他人沟通的语言。

不善于表达的孩子，常有发音不清晰的问题，比如把“老师”说成“老苏”，把“狮子”说成“梳子”。孩子担心被人嘲笑，所以不敢多说，久而久之就变得更加不善于表达。要想口语表达流畅，除了需要解决发音问题外，还需要拥有足够的词汇量、语法知识、语言组织能力以及良好的逻辑思考能力等。

善于语言表达的孩子，在集体中占有优势，容易成为领导者；语言表达能力较弱的孩子，多数情况下只能做个听话的追随者。长期下来，孩子会变得越来越不敢开口，影响到自信心的发展，爸爸妈妈一定要注意。

语言表达能力不佳的原因

原因❶ 发音不清楚

发音需要舌头与呼吸协调才能完成。就像要说“啦啦啦”时，舌头必须上抬，抵到上排牙齿的根部，如果位置放错，就可能发成“哈哈哈”。如果孩子的舌头动作不灵巧，发音就不容易准确。舌头动作的灵巧度，和孩子吃食物种类的复杂程度有关，如果孩子一直只吃软软的东西，多用吞的方式进食，舌头的练习机会自然就不够，舌头也就灵活不起来。

原因❷ 说话不流畅

说话不流畅，通常有两个原因。一是大脑想要讲得太多，但舌头动作跟不上，导致出现结巴的情况，这在两岁多的小男孩儿中比较常见。这时爸爸妈妈不用刻意纠正，以免孩子产生压力，反而结巴得更厉害。二是换气方法不当。我们通常都是说完一小段才换气的，但有些孩子的呼吸控制能力不好，话说到一半就必须换气，自然断断续续，无法流畅地表达。爸爸妈妈可鼓励孩子多哼歌或吹笛子，让孩子练习呼吸节奏。

原因❸　表达不清楚

语言表达有问题的孩子，常常说了老半天，一个主语都没有，虽然话说得很多，说的时间也很长，但很难令人听懂。由于省略主语，在描述三人以上的对话时，就会让接收信息的人难以理解。孩子满五岁后，爸爸妈妈可以教他把话讲清楚的技巧——在描述事件时必须清楚地说明“人、事、时、地、物”这五个要素，特别是时间和地点这两项。

语言表达不仅是说话而已，更是人际交往的关键。孩子说不出自己的想法，在集体中就只能配合别人，自然就会显得退缩。鼓励孩子多说话，最简单的方式就是爸爸妈妈让自己变成一个好听众。在孩子说话时，千万不要不停地打断他，请先听孩子把话说完，再帮孩子延长句子的长度。通过你的引导，孩子的语言表达会越来越顺畅。

在家玩起来

头上是什么

❶需要三人以上一起玩。准备一些图卡（食物、日常用品、交通工具）和几个发带。

❷将发带系在头上，然后抽一张卡片，自己不看。

❸将卡片放在额头上，用发带固定住，让其他人都可以看到这张卡片上的内容。

❹询问同伴“图上有什么？”听完他人的描述后，猜卡片所画物品的名称。注意，要描述物品的功能，不可以直接说出物品的名称哟！

❺最快猜对五张图卡的就是赢家。

贴心小叮咛

这个游戏比较适合五岁以上的孩子。如果是年龄比较小的孩子，爸爸妈妈可以使用故事图卡或绘本，引导孩子将自己熟悉的故事讲出来，也是不错的练习。

延伸游戏　光光老师专注力亲子互动游戏卡
游戏 40“你还记得吗？”（4岁+）

光光老师专注力小课堂

临床上经常发现，小女孩儿的语言表达能力远远超前于同年龄的小男孩儿。事实上，连他们使用语言的目的也有很大的差别。男孩儿们说话的主要目的是交换信息，女孩儿们的主要目的是维护人际关系。

在我们说话时，大脑左半球负责组织文字，右半球则掌管情绪和语调。在左右脑之间，有一个起到桥梁作用的胼胝体，女孩儿的语言优势就在这里。女孩儿的大脑两半球之间的信息传递更快速，所以更能将情绪用语言表达出来。女孩儿在察觉情绪波动与人际交往上，更是比男孩儿敏感。

当男孩儿进入青春期时，爸爸妈妈最好不要问他“你知道我是什么感觉吗？”这句话经常会引起不必要的冲突，因为男孩儿不擅长用语言表达自己的情绪。

七 动觉专注力不足

51 行为

坐没坐样

52 行为

家有跳跳虎

53 行为

动作慢半拍

动觉，是一种最常被爸爸妈妈忽略，但跟孩子的学习效率与解决问题的能力关系最密切的感觉。动觉最重要的功能，就是将我们熟悉的动作转化为“自动化”的过程。动作“自动化”之后，孩子的大脑才能有空间思考，学习才会更有效率。如果孩子做每个动作，都得一步一步地思考后才能完成，自然就会比别人慢半拍，甚至丢三落四。

动觉专注力所涉及的五项基础能力，是孩子日后学习的关键。

54 行为

讨厌做手工

55 行为

很容易“死机”

八 情绪专注力不足

56 行为
上课爱讲话

57 行为
我行我素

情绪除了与先天气质有关，还与孩子零到七岁期间的生活经历密切相关。

情绪不是天生的，而是分化而来的。情绪发展的历程比我们想象的更为复杂。许多有情绪困扰的孩子，因为本身注意力不佳，无法察觉别人的表情，会做出许多惹人讨厌的行为，甚至影响到人际交往。

让我们一起找出情绪专注力需要具备的五种基础能力吧。

58 行为
搞不清状况

59 行为
不会看脸色

60 行为
总是输不起

行为51 坐没坐样 无法保持固定姿势

乔乔是个活泼又有礼貌的漂亮小女孩儿，各项表现都很好，但有件事总让爸爸妈妈想不通：每天只要下课回到家，她就好像没有骨头一样，只想躺在沙发里。要她端正地坐在小椅子上，她不是坐一会儿就跑，就是把脚跷到桌子上。妈妈好说歹说，乔乔就是不改，就算妈妈生气地让她罚站，她也会像条毛毛虫似的扭来扭去。这简直要把妈妈逼疯了，明明在外面各项表现都很优秀呀，为何一回到家就变样了呢？

姿势控制能力是指能够保持固定姿势的能力。根据动作发展理论，动作能力的发展需要遵循三个原则：从反射到自主、从静态到动态、从近端到远端。在发展手脚的动作协调能力之前，孩子必须先拥有良好的躯干稳定能力。

跟一般大人想象的不一样，姿势控制能力不是由孩子手脚力量大不大决定的。责怪孩子爱偷懒、不认真之前，或许可以先想想，是不是孩子的核心肌肉群耐力不佳。对于姿势控制能力不好的孩子来说，坐着不动基本上就跟蹲马步一样累。

姿势控制能力不佳的可能原因

原因❶ 双手很少举高

回想小时候，我们爬树、擦玻璃、打球，甚至是偷吃爸爸妈妈藏在高处的糖果……都需要把手举得高高的。这些动作能充分训练到我们后背上半部分肌肉的力量。现在的孩子，操作高度几乎都在肩膀水平面以下，需要将双手举高的机会非常少，表现出来的就是后背上半部分肌肉力量不足，伴随着弯腰驼背的现象。

原因❷ 腹部肌肉无力

从生理结构来看，我们的胸腔位于腹部上方，腹部就像一只充满气的皮球，支撑着胸腔的重量。这只皮球是靠腹肌力量来支撑的。如果腹部肌肉无力，这只“皮球”就会像泄了气的一样，支撑不起胸腔的重量，坐着的时候就容易坐不稳。当腹部肌肉无力，就会忍不住将大腿弯起来靠近腹部，以增加“皮球”的支撑力，从而出现把一只脚放在椅子上的不雅坐姿。

原因❸ 爬行经验不足

姿势控制能力也会受到反射动作的干扰。如果孩子出现了不自主地动来动去的情况，最常见的原因就是受到了紧张性颈反射的影响。这是一种原始反射，当小婴儿头往右转时，右手会自动伸直，左手则会自动弯曲，所以小婴儿只要控制好头部动作，就可以伸手拿到喜欢的奶嘴，放进嘴巴里。随着孩子开始爬行，这个反射就会被打破，让手脚可以随心所欲地活动。通常，在四岁以后紧张性颈反射就会被整合完毕，不会影响他的姿势控制能力。但如果孩子在幼儿期的爬行经验不足，这个反射没有被整合成功，就会出现头一动全身就跟着动的情况。

生活方式的改变，导致孩子出现手脚有力、腹背部力量不足的状况。孩子需要的不是责备，而是明确的指引。请爸爸妈妈多给孩子锻炼腹背部肌肉的机会，帮孩子提高姿势控制能力，很快孩子就能乖乖坐好了。

在家玩起来

我是小飞侠

❶准备一个直径约 1 米的瑜伽球。

❷爸爸或妈妈跪着把瑜伽球放在两腿中间，用大腿固定住球，双手扶球，让孩子趴在瑜伽球上。

❸爸爸或妈妈双手扶住孩子的腰，鼓励孩子将手脚抬高离地，做“腾飞”的姿势。保持这个姿势，从 1 数到 30 就算成功。重复 10 次。

贴心小叮咛

开始时，可以先数到 10，增加孩子完成动作的成就感，之后逐渐增加到 30。当爸爸妈妈很熟练之后，就可以边数数边前后左右轻轻地摇晃瑜伽球，让孩子体会到飞翔的感觉。

延伸游戏

光光老师专注力亲子互动游戏卡
游戏 32“金鸡独立”（3岁+）

光光老师专注力小课堂

坐没坐样的孩子如果同时伴有肌肉张力低的情况，父母就要注意一下孩子的身体姿势，避免他日后出现脊柱侧弯的风险。

人体的脊椎骨并不是一根直直的棍子，是有一定曲线的，这样才能拥有弹性以应对走路时的震动。从侧面看，脊椎骨呈 S 形；从正后方看，则呈直线。

所谓脊柱侧弯，就是从正后方看，脊椎骨出现 S 形的弯曲，会导致两肩高度不一、肩胛骨凹凸不一、经常歪头看人的情况。如果脊柱侧弯在 20 度以下，配合适当的运动就可以矫正；但如果到了 20 度至 40 度，就需要装上令人很不舒服的背架来矫正了。

爸爸妈妈一定要在孩子骨头发育时，多多注意孩子的姿势。

行为52 家有跳跳虎 前庭刺激未被满足

小佑是个活泼的小朋友，喜欢蹦蹦跳跳，常在家里跑来跑去，体力超级好，成人都比不上他。只是小佑好像不太愿意走路，去哪里都是跑的，甚至过马路时都不肯乖乖等待红灯变绿灯，真让爸爸妈妈提心吊胆。这么爱动的小佑，该不会是多动症吧？

前庭功能在我们的内耳，负责掌控身体的平衡与速度，察觉头部在空间中移动的速度与距离。跑步、弹跳、旋转、骑车等活动提供的加速的感觉，都可以使孩子获得前庭刺激反馈，促进孩子的动作协调能力。

许多原本恐高的幼儿，三四岁时会突然变得超级喜欢滑滑梯和荡秋千。请爸爸妈妈不要就此认为孩子变调皮、爱捣蛋了，其实他们在训练闭着眼睛也能保持平衡的能力呢。只是孩子在学习中还无法精确地控制身体，就会出现跑跑跳跳寻找刺激的行为。

就像是学骑摩托车一样，刚开始时骑到时速 30 千米我们可能就觉得非常快了，必须松开油门减速；骑了半年后，时速飙到 60 千米可能都会觉得很慢，不知不觉中就把油门加到时速 80 千米了。倘若哪天不小心摔了跟头，就会暂时吸取教训，放慢速度回到时速 40 千米。就这样来来回回地调试，最后固定在时速 60 千米左右。

增加活动量，满足前庭刺激

原因 ❶ 孩子体能增加

四岁以后的孩子，对活动量的需求变大了。原本每天都有固定睡午觉的习惯，现在体力充沛、活力十足，若活动范围仍只局限在家里，孩子的活动量显然不够，可能会精神得睡不着。

建议爸爸妈妈每天给孩子一小时的户外活动时间，让他尽情地玩耍、跑跳。对这个年龄阶段的小朋友来说，硬把他关在家里，无疑是让他把客厅当作操场，当然就会增加冲突。

原因 ❷ 平衡感进一步发展

人体的平衡系统非常复杂，需要视觉、前庭觉、脚踝稳定力彼此合作。在幼儿阶段，孩子主要依靠视觉建立平衡感。

孩子四岁后，视觉的主要任务转变为辨识物品，平衡就由前庭觉接手了。这也正是此时孩子喜欢爬高爬低做危险游戏的原因。不是他爱捣蛋，而是他练习自己的平衡感，让眼睛解放出来专心看物品的过程。

原因❸　视觉与前庭混淆

在大自然里，前庭刺激与视觉刺激往往同时发生，而且通常具有因果关联性。我们跑得越快，视野变化也就越快。但随着电子游戏的普及，这样的因果关联被打破了。明明坐在椅子上没动，眼睛看到的事物却在不停地动。孩子的大脑出现错误的判断，以为自己可以跑得超级快、跳得超级远，于是开始尝试做许多超过自己能力的动作，令成人心惊胆战。

应该让孩子多在户外活动跑。孩子获得了足够的前庭刺激后，自然就会减少沉迷游戏的时间。请爸爸妈妈在孩子九岁前自制能力尚未成熟时，不要拿手机当保姆，以免孩子过度沉迷于虚拟世界。

少数天生对前庭刺激需求量较高的孩子，需要更多的活动量。除了学校里的体育课外，爸爸妈妈还应多带孩子外出走走，培养孩子规律的运动习惯，孩子才能在学校里坐得住。

在孩子放学后、回家前，记得抽空先带他去公园走一圈，荡秋千、滑滑梯、骑自行车等。孩子用适宜的方式获得了足够的前庭刺激，适度宣泄了体力，回到家后自然就容易安静下来。

很快，当孩子觉得自己坐不住时，就会主动要求你带他去公园玩儿，也就不会总是在家里调皮捣蛋了。记得先了解孩子，才能正确引导孩子。我们要给与的应该是适当的活动安排，而不是一味责备。

在家玩起来

翻滚吧！ 男孩儿

❶将一条大被单铺在有地垫的地板上。

❷将大被单对折，让孩子躺在被单的一端，双手抓着被单，像卷寿司一样把自己慢慢地卷起来。

❸等孩子卷好后，爸爸妈妈双手拉起大被单，数“一二三”，同时举高被单让孩子快速地滚出来。

贴心小叮咛

开始时爸爸妈妈请务必温柔点儿，不要动作太快或举得过高，以免发生危险。孩子最初不知道自己的极限，最好先滚三次，以免刺激过度而头晕，熟练之后再量力增加翻滚次数。

延伸游戏

光光老师专注力亲子互动游戏卡
游戏30“我是小模特儿”（3岁+）

光光老师专注力小课堂

孩子需要的是更有效率的练习方法，而不是单纯的消耗体能。

我们大人常误以为跑步就能增加前庭刺激，看到孩子在家动来动去，就带他去跑步。其实跑步只能让孩子消耗体力，获得的前庭刺激却不够多。孩子常常已经累得要命，却仍然不愿意回家，还想继续玩儿，就是因为前庭刺激没有被满足。我们可以问问自己，跑步和骑车哪个比较快？哪个比较省力？一定是骑车不是吗？那为什么要让孩子一直跑呢？

爱动是孩子的天性，请不要高压限制。可以在家里准备蹦床、跳马，与孩子玩儿各种前庭刺激游戏。但记住不要让孩子在床上或沙发上跳，因为孩子太小还不会分辨情境，他不明白为什么自己家里的沙发可以跳，别人家的沙发不可以跳。

行为 53 动作慢半拍 双侧协调能力不佳

洋洋是个温和的小朋友，不管别人建议什么他都说“好”，一点儿坏脾气也没有。老师们都很喜欢他。但他动作很慢，不管怎么催，做什么事都只能慢慢来。幼儿园时上台表演跳舞，洋洋做动作总比大家慢半拍。就连穿衣服这样再简单不过的事，他也得花好长时间才能完成。爸爸妈妈忍不住忧心忡忡：等到上小学了功课变多，会不会作业写到半夜都写不完呢？

双侧协调能力，是指双手可以彼此合作，操作同一个物品的能力。人类有两个大脑半球，根据大脑的神经生理功能，大脑左半球负责右侧身体的动作，大脑右半球负责左侧身体的动作。如果左脑中风了，会导致右侧肢体瘫痪，无法动作。**两侧肢体动作分别由两个不同的系统控制，想要协调地做动作，需要这两个系统进行资讯交流才能完成。**

婴儿时期，孩子的双手是执行相同动作的。要举手，双手一起举高，要放下，双手一起放下，两侧动作始终一样。随着孩子越来越能控制自己的肢体，两手才能分开去做不同的动作。这时孩子常会一只手拿着玩具，另一只手操作物品，其实这不是孩子迷恋玩具，而是孩子在想办法让自己的两只手做不同的事。

两岁以后，孩子的双手开始明确分化，一只手负责动作，另一只手负责固定，双侧协调能力也渐渐成熟。如果双侧协调能力不佳，孩子就常会出现动作慢吞吞、弄不清左右、不会骑自行车、莫名其妙跌倒等状况，这些协调不佳的行为，有时甚至会影响到孩子自信心的发展。

动作跟不上，可能有以下原因

原因❶　缺少跨越身体中线的练习

人体从正面看，如果从正中央自上而下画一条直线，你会发现身体两侧是对称的。这条想象中的线就是身体中线。双手能彼此合作，最重要的前提就是一只手能够跨越这条身体中线到另一侧去。小婴儿翻身这个动作的表现就是翻身，翻身时，小婴儿会用手跨越身体中线，诱发身体转动，然后脚用力一蹬就翻过去了。如果把小婴儿绑得紧紧的，让他乖乖躺着不动，练习经验自然就会不够。

原因❷　不断更换惯用手

一般来说，不管孩子是左撇子还是右撇子，动作协调能力都不会出问题。但是如果让孩子一会儿用左手，一会儿又改成右手，不断改来改去，就会让大脑产生混淆。当大脑无法判断以哪只手为主时，左右脑就会出现争抢控制权的情况，使肌肉动作无法协调。所以如果孩子是左撇子，请不要刻意强迫他改用右手，以免双侧协调性受到干扰。

原因 3　生活中缺乏练习经验

相比现在流行的滑板车，自行车才是我们小时候最熟悉的交通工具，也是最好的双侧协调能力训练工具。骑自行车时，如果我们双腿一起用力踩踏板，自行车一定会卡住不动。我们需要一条腿用力往下踩，一条腿放松往上抬，才能顺利骑行。但是骑滑板车时，就算是双脚一起踩下去、一起抬起来，只要速度快一点儿还是可以前进，所以双侧协调动作就没有被练习到。请爸爸妈妈经常带着孩子到户外骑一骑自行车吧。

对成人而言，成绩好坏往往是最重要的，但对孩子来说，动作能力才是关键，就像中学时校园里的风云人物通常是篮球队队长，而不是全校第一名。动作质量的好坏，不仅会影响到速度快慢，更会影响孩子的自信心。不要想当然地认为孩子现在动作慢没关系，长大后就会改善。请陪着孩子多练习，提高双侧协调能力吧。你会发现双侧协调性好了，孩子不用你催促，动作也会变快很多。

在家玩起来

第三类接触

❶准备两把小椅子、一个大饼干盒和一根小木棍。

❷将椅子背靠背摆好，孩子和爸爸（或妈妈）分别坐上去，也背靠背，双手都伸出食指，比画“一”。

❸孩子先伸右手，爸爸（或妈妈）先伸左手。将手伸出越过身体中线，稍微转身去碰到对方的食指。

❹换另一只手，转另一个方向，去碰对方另一只手的食指。练习 10 次以熟练这个动作。

❺妈妈（或爸爸）在一旁用小木棍敲打饼干盒，敲一下则两人碰一次。

贴心小叮咛

一开始，爸爸妈妈敲打盒子的速度要慢，让孩子累积一些成功经验，等孩子熟练后，爸爸妈妈鼓励他与自己比赛，增加孩子参与练习的积极性。

延伸游戏

光光老师专注力亲子互动游戏卡
游戏 41“欢唱舞会”（4 岁 +）

光光老师专注力小课堂

如果孩子不仅动作慢半拍，还昏昏沉沉一副没睡醒的样子，爸爸妈妈就要考虑另外两种可能性了。

一是睡眠时间不足。睡眠不足会导致孩子的大脑不够清醒，所以动作慢半拍。爸爸妈妈需要帮他调整一下睡眠时间。

二是睡眠质量不佳。虽然孩子睡眠时间足够，但有时候受过敏、气喘、鼻塞等症状的影响，实际睡眠质量并不好，越睡越疲劳。这时爸爸妈妈就需要先帮孩子改善上呼吸道问题。

行为 54

讨厌做手工
手指灵巧度不佳

小沐是个文静的小女孩儿，喜欢玩儿过家家，还有很多好朋友。但不知为什么，对大部分小朋友通常都喜欢的画画，却很不感兴趣。画画时，她一定会要求妈妈在旁边陪着，或撒娇请妈妈帮她画。老师说小沐在幼儿园做手工时，也都会请同学帮忙。她到底为什么讨厌画画和做手工呢？明年就要上小学了，到时候会不会讨厌写作业呢？

掌内操作能力，是指无须额外帮助，就能独立使用五根手指，将掌内的小物品移到适合操作的位置而不掉落的能力。要具备这个能力，孩子的单手必须同时拥有固定物品与移动物品的能力。**在执行掌内操作时，五根手指分别负责两组动作，拇指、食指、中指负责动态的操作，无名指和小指负责静态的稳定。**

比如，向自动售货机投币时，右手握着三四枚硬币，左手还拿着东西，我们依然能够用右手的拇指和食指将硬币逐一移到指尖，再投入投币孔中。这样的掌内操作技巧是孩子日后运笔写字的基础。

如果孩子的掌内操作能力不好，他写字就会像在练书法，不靠手指却靠前臂发力，自然就会写得很慢。

掌内操作能力不佳的可能原因

原因❶　手腕力量不佳

我们往往非常注重孩子的手指灵巧度，而忽略手腕稳定度。事实上，手腕稳定度才是所有精细动作的基础。如果孩子手腕力量不足，就容易出现手腕倒勾着写字、字忽大忽小的情况。培养手腕力量并不是让孩子坐在桌前练习就可以，而是要让他在墙壁、画架等垂直平面上练习才行。

原因❷　手弓稳定性不佳

患有扁平足的孩子，脚踩在地板上时，整个脚板都平平地贴在地面上，没有足弓曲线。我们的手上也有一个与足弓相似的构造，叫作“手弓”。比如给孩子一堆糖果时，他必须将手掌内的肌肉群拱成一个暂时的碗，以盛装糖果。让手掌弯曲呈碗状，依靠的就是手弓，因为手掌有这样的弧形，大拇指才能灵巧地动作。手弓过于扁平，大拇指的动作就会受到限制，当然也就没办法有效率地操作物品。

原因❸ 手指独立运动能力不良

除了用手掌抓握拿起物品之外，我们还需要一项非常重要的能力，即用手指比画手势的能力，比如用手指比出一二三四五的手势。这样的能力被称为“手指独立运动能力”。孩子首先要能随心所欲地控制自己的每个手指，分别做出想要的动作，才能灵巧地操作物品。陪着孩子玩“石头剪刀布”或“比一二三四五”的小游戏，都是很好的练习。

练习手指灵巧度最便捷的方法，就是让孩子自己吃饭。孩子拿着勺子、筷子自己吃饭，就是在练习自己的手指动作。如果我们一口一口喂孩子吃饭，无形中就剥夺了孩子的练习机会。所以在孩子满四岁后，请爸爸妈妈多点儿耐心，不要再喂他吃饭了。

在家玩起来

硬币大挑战

❶准备 2 个存钱罐，40 枚 1 元硬币，每人 20 枚。

❷比赛前先带着孩子练习，将 3 枚硬币放在孩子的掌心，鼓励孩子用单手将硬币移到指尖，再投进存钱罐的投币口中。（尽量小心不要让硬币掉落。）

❸等孩子熟练了，不会掉落硬币后，爸爸妈妈就可以跟孩子比赛了。

❹比赛规则：一次性地把 3 枚硬币放在手掌中，单手将硬币投入存钱罐，不能掉落。成功投完的人，可以再拿 3 枚硬币。先投完 12 枚的就是赢家。

贴心小叮咛

通过游戏与比赛，增加孩子的积极性，更能让孩子愿意配合练习。比赛时，要让孩子有输有赢，孩子才不会因受挫而抗拒。如果担心硬币上有细菌，爸爸妈妈可以改用玩具店出售的塑料硬币。

延伸游戏

光光老师专注力亲子互动游戏卡
游戏 38“画出我的小心情”（4岁 +）

光光老师专注力小课堂

如果孩子掌内操作能力不佳，没办法有效地运用工具，无法从活动中获得乐趣，就会讨厌画画儿、做手工。此外，如果孩子触觉过度敏感，也可能出现此类表现。

触觉过度敏感的孩子，讨厌胶水、黏土等黏黏的感觉。爸爸妈妈可以多让孩子玩儿沙、水、黏土等，通过多接触，锻炼孩子的耐受性，降低触觉敏感度，渐渐改善他抗拒做手工的心情。

行为 55 很容易“死机” 缺乏动作计划能力

小如是个乖巧的小朋友，平常只要大人说什么，多数情况下都会乖乖配合。但最近她的表现让老师有点儿伤脑筋，碰到新活动时，全班小朋友都开心地跃跃欲试，只有小如在原地一动不动，一定要老师过去帮忙才可以做完。难道是因为她太胆小了？但又不像呀，因为平常小如何其他同学交往也都是有说有笑。为什么一碰到新活动就不灵了呢？

碰到新的事物，大脑需要在现有数据库中提取过去的经验，将这些旧经验拆解，再重新排列组合，形成一个可执行的计划。就像玩儿积木，有些孩子经常玩，在需要搭建一辆挖土机时，会把坦克车的底盘、卡车的车头、吊车的吊臂组装在一起，再加上一些其他零部件。这个办法要比从零开始设计快许多。

如果孩子在组织计划方面有困难，遇到新任务时，就会出现呆住不动的情况。这并不是孩子胆小容易紧张。你会发现，这种情况下，孩子往往会一直看着别人做，站在原地一动也不动，直到看完别人的操作过程，才开始行动。

动作计划能力不佳的原因

原因❶ 肌肉张力较低

肌肉就像身体的衣服。肌肉张力高就像穿着紧身衣，肌肉张力低就像穿着宽松的T恤。往衣服里放进一颗球，穿哪种衣服时更能察觉到球的位置？肯定是紧身衣吧。

如果孩子天生肌肉张力较低，就很难察觉自己手脚的确切位置，做既定动作时就会困难重重。请爸爸妈妈带领他养成相对固定的运动习惯，让他的肌肉渐渐变得有力量。

原因❷ 身体“形象”不清楚

随着孩子越来越能察觉到自己的肢体动作，他会在脑中画出一幅自己身体的图象，之后再看到别人做动作，就能立即模仿出来。如果孩子没能建构好身体形象，模仿动作时，就需要不停地看向别人再看回自己，来判断姿势是否一致，自然就很难保证较好的速度与准确性。

孩子通过钻山洞、爬攀爬架等需要钻来钻去的活动，渐渐了解自己身体的大小，逐渐掌握自己身体的范围。注意，在孩子突然长高时，身体形象会因为大脑一时无法习惯而出现暂时性的退步，此时请爸爸妈妈多给孩子一些时间来适应。

原因❸ 顺序概念不佳

顺序概念不佳的孩子，记忆指令没问题，但常会遗忘顺序，导致执行出错。生活中有些事情没有顺序要求，比如“拿三个物品过来”，只需要记忆指令，无需记忆顺序。但有些事情却不一样，比如“按照红、黄、绿的顺序排好”，如果排成了绿、黄、红，就不正确了。有些孩子在顺序记忆上有困扰，听到指令后，常会搞错顺序，所以无法完成活动。这时可以让孩子用复述指令的方式增加对顺序的记忆。多让孩子玩儿穿珠等需要重复一定顺序的游戏，也可以帮助孩子培养顺序概念。

以前的孩子玩具很少，空闲时间很多，常常需要自己创造游戏。现在的孩子玩具很多，几乎每个玩具都有标准玩法，孩子太习惯看说明书、听指令，就懒得动脑子去创造新游戏了。

孩子天生就喜欢创造与改变。通过不断修正与调整游戏，孩子可以学会组织与计划。五岁左右是动作计划能力发展的关键期，请爸爸妈妈一定要抑制住想直接教孩子怎么做的冲动，多等待一些时间，让孩子有机会自己动动脑。让孩子经常动脑，遇到新问题时，才不会卡壳。

在家玩起来

跟我一起这样做

❶准备两把小椅子，面对面摆好，一人坐一把。

❷先让孩子模仿你的动作，当你举起左手时，请孩子举起右手，就像是镜子里看到的那样。先随意做三四个动作，看孩子能不能完成。如果能，就开始游戏。

❸爸爸妈妈大声说“请你跟我这样做”，然后做一个动作，让孩子模仿。逐渐增加动作的数量，看孩子最后能记住几个。

如果孩子在动作模仿上有困难，可以找面大镜子，两人均面向镜子做动作，通过镜子的视觉反馈，帮孩子察觉自己的身体动作。等孩子百分之百成功后，再继续游戏。

延伸游戏

光光老师专注力亲子互动游戏卡
游戏 47“厨房小帮手”（5岁+）

光光老师专注力小课堂

五岁的孩子最喜欢创造一些稀奇古怪的新游戏，要求别人陪他玩儿，但常常会先说好了这样玩，过一会儿就要改游戏规则。这并不是孩子破坏规矩，而是他在练习做动作计划。只是孩子的技巧尚未成熟，无法一次定好所有规则，常会出现需要修改的情况。

孩子创造游戏的过程，就是在练习动作计划，并且学习解决问题。爸爸妈妈可以顺势指出游戏里的小问题，让孩子练习解决。

如果这个年龄的孩子过于乖巧，只想听从别人指令，做个乖乖的跟随者，不愿意尝试创造，爸爸妈妈反而要多加注意，鼓励孩子多多练习。

请多多鼓励孩子自创游戏。

行为56 上课爱讲话 感觉调节能力比较弱

小慧是个机灵的小女孩儿，动作灵巧，反应也非常快，幼儿园老师特别喜欢她。但进入小学后她却出现了很大变化：上课容易分心，常和身边的同学说话。老师问她问题时，她都能对答如流，但旁边的小朋友却被她干扰得不能好好上课。老师头痛不已，一再向爸爸妈妈反映。小慧为什么会变得如此容易分心呢?

当我们进行感觉处理时，不是直接就将感觉刺激传递到大脑皮质的，而是先在脑中做出调节，将需要注意的信息放大，不需要注意的信息缩小，最后才把调节好的信息传到大脑皮质。因此，我们才可以过滤掉环境中的噪音，心无旁骛地专心做事。

感觉调节能力较弱的孩子很容易受干扰，出现分心的情况。孩子对细小的刺激比较敏感，很多时候大人不易察觉的刺激，孩子的大脑都会感受到，不由自主地想去注意，表现出容易分心这样的外显行为。

临床上曾经碰到触觉过度敏感的孩子，甚至可以察觉到身后小朋友使用橡皮擦的震动。每当感受到震动时，他就想转头看看同学在做什么呢。出现这种情况，最好的方式不是责备孩子，而是帮他调换座位，让他坐在一位相对安静的同学前面。

感觉调节能力不佳的原因

原因❶ 感觉过度敏锐

孩子在幼儿时期缺乏相关的感觉体验，长大后就容易对刺激过度敏感。就像是如果把麦克风的灵敏度设定太高，有一点点儿刺激都会令它出现噪声反应。如果孩子的大脑无法有效地过滤噪声，他就很容易受环境干扰而分心。这时爸爸妈妈要帮孩子做感觉脱敏，降低敏感度之后孩子才能专心。

就像是让一个很怕吃辣的人吃辣，如果循序渐进地在他每次用餐时一点儿一点儿地加些辣椒，让他渐渐习惯，他就不会那么敏感。如果孩子对声音过度敏感，爸爸妈妈就不要总让他待在安静的房间里，可以引导他做乐器演奏、唱唱跳跳等活动，通过练习让他渐渐降低听觉敏感度，自然也就可以更好地抵抗外界干扰了。

原因❷ 爸爸妈妈过度保护

有些爸爸妈妈对孩子过度保护，衣服都要特别挑选，不是纯棉的不穿，衣服上会摩擦到皮肤的标签也都要剪掉，所有物品都给孩子最好的，家务也不让孩子做。过度保护之下，忽略了孩子只有自己动手才能获得足够的触觉体验。如果孩子生活中一切都是光滑的，未来只要有一点点粗糙，就会让他不舒服。孩子会变成一个活生生的“现代版豌豆公主”，只要周围的生活环境稍微复杂一点儿，就会因为分心。

原因❸ 生活作息不规律

在学校里，孩子需要依照学校的课程安排适当地调整自己的清醒度。例如：数学课时大脑需要最清醒，语文课额次之，午休时间可以降到最低。午休时间孩子如果爱聊天，很可能是因为大脑还太清醒。因为大脑太清醒，所以觉得无聊，太无聊自然就想找点儿事情做，当然会令老师头疼。爸爸妈妈可以帮孩子制订时间表，调整生活作息，自然可以减少他受责备的频率。

孩子通过与环境互动获得的感觉反馈，发展出良好的感觉调节能力。现今生活中的视觉刺激太多，触觉刺激却较为贫乏，导致许多孩子在触觉方面过度敏感，学习时出现分心的情况。这时，请先不要责备孩子，而是要想办法帮孩子增加感觉体验，降低他的触觉敏感度。

在家玩起来

洗刷刷

❶准备一个触觉球。

❷爸爸妈妈在孩子的双手和背部滚动触觉球。

❸在每个身体部位滚动 30 至 50 次，一天做 3 组。

贴心小叮咛

如果孩子非常敏感，在前几次玩这个游戏时表现出抗拒，请爸爸妈妈先不要强迫他。可以改由孩子给爸爸妈妈滚动触觉球，让孩子先知道触觉球是无害的，再在他身上滚动就会比较顺利。滚动触觉球时，也可以问问孩子要重一点儿还是轻一点儿，快一点儿还是慢一点儿，这样也会让他更愿意练习。

延伸游戏

光光老师专注力亲子互动游戏卡
游戏 49“揉面团啰”（5Y+）

光光老师专注力小学堂

孩子上课时容易分心、喜欢讲话，还有可能是因为下面两种情况导致。

第一种情况是已经学过了。爸爸妈妈让孩子上太多补习班，超过学校进度太多，很可能令孩子在某些特定课程上，因为觉得自己都已经掌握了反而爱讲话。

第二种情况是想和同学分享新礼物。买了一支全新的铅笔、换了一个新书包、买了最流行的卡通挂件……都是同学们聊天的话题。如果孩子经常带太多新鲜玩意儿到学校，也有可能让他被贴上“爱说话”的标签。

行为 57

我行我素 不遵守社会规范

小轩是个脾气很急的小男孩儿，常常跑来跑去一刻都不停。如果说他不专心，似乎又不是，因为他一做起事就停不下来。让人困扰的是，小轩好像不听指令，一味做着自己想做的事。在家里这样倒还好，但在学校这样就会有大麻烦。同学们都在做手工，他却自己跑到旁边拿书看，不参与团体活动。就算是已经提醒他很多次也无济于事，真是让爸爸妈妈和老师伤透了脑筋。究竟为什么他会出现这些不守规矩的行为呢?

人与人交往的过程中，必须要注意到“隐性规则”，这些规则往往不需要额外说明，大家都会遵守与配合。比如，等别人都做完一件事，才可以做下一件事；滑滑梯要排队，玩儿玩具要轮流；上课时不能吃零食……这些都是不需要提醒就会主动遵守的规则。

如果没有事先培养这些规则，孩子就会我行我素、不听指令。这并不是孩子不配合，而是习惯没有养成。需要提醒爸爸妈妈的是，不要给孩子定太多规则，那反而让孩子更加难以配合。引导孩子时要帮助他减少规则，先帮助他一步一步养成好习惯，再每个月增加一个新规则，渐渐地孩子就会越来越配合。

导致规则意识不佳的原因

原因❶ 等待机会少

请爸爸妈妈回忆一下，到了用餐时间，你是自己先吃饭，还是孩子先吃？在过去，孩子一定要等爸爸回到家，全家一起坐到餐桌前才会开始用餐，每天吃饭时都会练习等待。现今的孩子被视为宝贝，大人经常是先喂饱孩子，自己才吃。孩子在学校里我行我素，不是他故意不听话、不配合，而是从小没有练习过等待，进入集体生活后自然会出现问题。从现在开始，在家里给孩子点心时请让孩子先数数，从 1 数到 30 后再给他，帮孩子慢慢培养等待的习惯。

原因❷ 轮流观念弱

学会轮流的前提，就是大家想要的东西只有一个，当一个人正在用时，其他人必须等待。如果家里只有一个孩子，所有的东西都是他一个人的，当然就不需要轮流。即使家里有两个孩子，爸爸妈妈买东西时也经常一人一个，而且还买的一模一样，自然也不需要轮流。在学校集体生活中情况却并非如此。

很多活动都必须轮流做。缺乏轮流意识的孩子就会出现等不及抢着做，或者轮到他做了却不知道的表现，当然就会出错。孩子四岁时，可以跟他一起玩桌游、棋类活动，让孩子学习轮流出牌，到了集体中也就比较容易适应。

原因❸ 太以自我为中心

孩子在一岁半至三岁时，自我意识开始萌芽，会慢慢发现自己与别人的差异。到四岁时，可以清楚地察觉到他人的想法。但有部分孩子自我概念不够成熟，不能察觉自己与他人的差异，就会表现出过度以自我为中心，认为别人想的都跟他一样，从而出现我行我素的行为。这样的表现通常是因为爸爸妈妈太顺从孩子，凡事都让孩子做决定。爸爸妈妈是孩子的引导者，不应该事事都顺着孩子，这会让孩子太以自我为中心，甚至会导致社交障碍。

不要担心拒绝孩子会让他伤心。爸爸妈妈是孩子与社会之间的黏合剂。我们给孩子安全感与规范，才能让孩子学会如何更好地与他人相处，让孩子既可以保护自己，也不会伤害他人。如果孩子凡事都只想到自己，等到青春期时，究竟是你要听他的，还是他要听你的呢？

在家玩起来

关键十秒钟

❶准备一个秒表（或智能手机上的秒表APP）。

❷让孩子先闭上眼睛，按下计时器开关，在心里默数10秒，再按下开关。

❸大家轮流做。谁的时间最接近10秒，谁就是赢家。

贴心小叮咛

最初请孩子大声读出秒数来，多练几次，等他熟练后再改成默数。等到孩子完全可以做到后，就可以增加到20秒或30秒，让游戏更有挑战

延伸游戏

光光老师专注力亲子互动游戏卡
游戏42“翻牌大赢家”（4岁+）

光光老师专注力小课堂

孩子只想到自己，总是我行我素，也可能是下列两个原因导致的。

一是听觉理解力不佳。如果孩子对指令的理解能力弱，自以为听懂了指令就立即开始行动了，也会很容易被人误以为我行我素。

二是抗挫能力差。太在乎输赢，得失心太重，害怕自己表现不佳，情绪波动大，也会令他做出类像是我行我素的行为。

行为 58

搞不清状况 觉察不到环境改变

小品是个有趣的小男孩儿，很喜欢逗人开心，但常常不分场合做出各种让人啼笑皆非的行为。明明是严肃场合，他还在说笑话；在气氛轻松的场合，他却又一动也不动。全班同学都收拾书包准备回家了，他却还坐在那里一动也不动，直到老师喊他，才急急忙忙地把所有东西塞到书包里。小品究竟是为什么总分不清场合呢？

情境察觉能力，是一种当情境转换时，能够立即觉察到并调整自己的行为以符合当时情境需求的能力。比如上课铃声一响，就要收起玩耍的心情，转变成乖乖坐好；再比如，课堂小游戏结束后，就要收起嬉闹的态度认真听讲。不需要别人的提示，可以察觉环境改变的细节，了解目前的情况。

情境察觉能力比较弱的孩子，往往不是在发呆，而是察觉太慢。没有人提醒他，就会一直卡在原来的情境里，当然就会做出不当的情绪。如果他同时还有语言表达能力不佳的困扰，就很容易被误认为在故意捣蛋。这样的孩子，在情境转换时大人可以在他身边安排一个小帮手，给予适当的提醒，状况就会有所改善。当然，最好的方法是帮孩子找出原因，从根本上改变这种状况。

情境察觉能力不佳的原因

原因❶ 时间观念较弱

到四岁时，孩子基本可以分辨昨天、今天和明天，但对一个星期后的时间还无法理解。等到六岁时，他们可以分辨星期一、星期二……开始有“一周”的概念。如果孩子的时间观念较弱，他就常会搞不清今天是星期几、该做什么事、上什么课。所以在孩子升入大班后，请爸爸妈妈不要再帮他做太多事，让他试着自己整理书包，自己准备课本、文具，就是很好的练习。

原因❷ 周边视野较窄

相机上如果有广角镜头，就很容易拍出集体照，而不用摄影师一直往后退以调整角度。我们的眼睛也是如此，周边视野可以察觉的范围越广，就越容易收集到环境中的信息。和我们想象不同的是，周边视野主要负责察觉移动的物体。如果孩子在幼儿期移动经验不足，周边视野的练习就会比较少，在环境转换时也就容易搞不清楚。多让孩子骑自行车，通过移动时周围物品产生的视觉刺激，帮助孩子渐渐增加周边视野。

原因❸ 观察能力不足

孩子有无穷尽的好奇心，就连路上的蚂蚁、街上的井盖，都可以看好久。他不是在找麻烦，也不是拖时间，而是在练习观察能力。我们太习惯于拿着书本教孩子，孩子也习惯于被教导，结果变得越来越懒得用心观察。由于观察能力不够，虽然眼睛看到了，但却没看懂细节，大脑自然也就无法获得充分的信息来分辨情境。爸爸妈妈要带着孩子多观察身边的事物，比如路边的小花、树上的小鸟、墙上的招牌等，帮孩子在日常生活中培养观察能力。

观察能力是情境察觉能力的基石。多带孩子观察身边的事物，引导他发掘身边的小细节，就可以培养孩子的情境察觉能力。这些不是从书本中能够学到的，靠的是在日常生活中的积累。五岁的孩子看到什么都想问，请爸爸妈妈多点儿耐心，那正是他观察能力萌芽的象征。

在家玩起来

哪里怪怪的

❶准备一部相机和一个放大镜。

❷拍摄一些不符合常理的照片，例如：餐桌上摆放的不是筷子而是铅笔；一篮水果里夹杂着一只网球；绑着快餐盒的是一根面条；在放内衣的抽屉里有一双鞋子；装了水的花瓶中有一条小金鱼，等等。

❸将准备好的照片和放大镜交给孩子，让他找出照片里奇怪的地方。找到后，他就可以得到一张“稀奇古怪”的照片。

贴心小叮咛

拍照时不需要特写，最好把镜头拉远一点儿，多拍些物品，这样会比较有趣。生活中如果看到了什么奇怪的场景，爸爸妈妈也可以先卖个关子，不立即说出来，像脑筋急转弯一样，考考孩子能不能找到哪里怪怪的。

延伸阅读

光光老师专注力亲子互动游戏卡
游戏 44“农场趣味拳”（5岁+）

光光老师专注力小课堂

一米高的孩子看待世界的角度，与我们大人的不一样。请爸爸妈妈不要用大人的情境察觉力标准去要求孩子。可以在每次情境转换时，加入一个固定仪式，帮助孩子察觉改变。

固定仪式听起来有点儿复杂，其实做起来非常简单。比如小学每节课前，班长都会喊“起立！敬礼！”这就是最常见的固定仪式。通过一系列的动作，让孩子察觉到情境改变了，要收起嬉闹的心，准备上课了。

通过固定的活动，让孩子感受到目前的情境，他才能做出适当的行为。运用一些小技巧，帮助孩子更清楚地察觉情境的变化，他当然也就更容易配合了。

行为59 不会看脸色 无法理解他人的情绪

小儒是个有趣的孩子，有他在的场合就一定很热闹。但他有个小问题令爸爸妈妈很头痛，就是完全不会看脸色。体育课时老师让大家捡球，但仍有同学在聊天，老师不高兴地说："捡球是需要用手，还是用嘴？"全班同学都安静下来乖乖捡球，突然听到小儒大声喊："用嘴巴吸？"搞得全班大笑起来，他还一脸得意，完全没注意到老师已经生气了。为什么小儒就是不会看脸色，老是惹老师生气呢？

情绪理解能力，是指能够感受到别人的情绪，从周围线索中推理出情绪产生的原因，并做出适当反应的能力。能够理解情绪产生的原因，才有可能察觉别人的感受，这也是同理心的基础。有了同理心，才能学会尊重别人而不会冒犯他人。研究发现，有兄弟姐妹的孩子，在情绪控制方面会有比较多的练习机会，情绪理解能力会比较好。

如果孩子的情绪理解能力较弱，虽然察觉到他人在生气，却不知道生气的原因，自然也就不知道该如何处理。这时，请爸爸妈妈千万不要使用硬碰硬的高压处罚方式，那只会让孩子误以为只要生气就可以解决问题，反而会让孩子脾气越来越大。

情绪理解能力差的可能原因

原因❶ 眼神注视不佳

在表达情绪时，我们不会把心情一直放在脸上，而是会有一个极为短暂的“预备表情”，在脸上停留约一两秒钟，那才是我们的真实情绪。比如孩子惹我们生气了，我们可能会先皱起眉头，然后深呼吸，再挂上微笑说：“让我好好地和你说。”请问此时你的真实情绪是生气还是高兴？如果孩子说话时没有看着你的脸，就很难察觉到这些细微变化，因为无法正确分辨情绪，结果就被处罚了。和孩子说话时，一定要提醒孩子看着大人的脸，养成习惯后就可以减少不必要的冲突。

原因❷ 同理心未成熟

当我们看到别人跌倒受伤时，大脑的镜像神经元会唤起自己过去的疼痛感觉经验，自然就会觉得需要安慰对方。部分孩子的感受与众不同，对疼痛的承受力超高，因此看到别人跌倒时，无法产生感同身受的同理心，不但不会安慰别人，反而会哈哈大笑。爸爸妈妈不要觉得孩子是在幸灾乐祸而责备孩子，而是要引导孩子察觉对方的心情，感觉他人的感受。当孩子可以理解他人的感受时，同理心也就会渐渐发展出来。

原因❸　搞不清因果关系

由于孩子无法预料自己做的事情可能会产生出哪种结果，因此也没法立即判断他人情绪产生的原因。不清楚别人为何会有情绪，当然也就不知道为什么对方会这么生气，甚至会出现觉得自己被误解而乱发脾气的情况。爸爸妈妈要做的不是责备孩子为何乱发脾气，更不要执着于谁对谁错，而是要帮孩子厘清事件发生的顺序，协助孩子判断正确的因果关系，让孩子发现自己忽略的细节。当孩子知道大家都是为他好，而不是在责备他，自然就能够在被爱与信任中学会理解自己与他人的情绪。

感受他人情绪的能力不是与生俱来的，需要通过学习才能具备。我们常误认为情绪发展最重要的是表达情绪，却忽略了情绪理解的重要性。现在的孩子越来越会表达自己的情绪，却无法理解别人的情绪，导致在与他人的交往中出现冲突。引导孩子学习观察别人的情绪，了解情绪背后的原因，比教导孩子如何表达情绪更重要。

在家玩起来

抽鬼牌

❶准备一副扑克牌，抽掉一张“鬼牌”。

❷按顺序将扑克牌分给每个玩家。如果抽到两张数字相同的扑克牌，就拿出来放在桌上。

❸从年龄最小的玩家开始，从上一家的牌中抽出一张，遇到两张数字相同的牌时，就拿出来放在桌上。再轮到下一个玩家。

❹大家轮流抽牌、出牌，最后剩下一张“鬼牌”的人就是输家。

贴心小叮咛

从对方牌中选牌时，注意观察对方的表情，如果对方不小心露出一丝笑容，那很可能是因为你选中了鬼牌。如果有人抽牌后突然出现了惊讶或沮丧的表情，很可能就是抽到了鬼牌，抽他的牌时就要小心。

延伸游戏 光光老师专注力亲子互动游戏卡

游戏13“动物们，开饭啦”（12月+）

光光老师专注力小课堂

孩子常惹人生气，不会看脸色，还有一种可能性，那就是表情过度夸张。不是表情越多越好吗？表情丰富难道也会有问题？

表情与心情之间并不能完全画上等号。有些孩子在表达情绪时过度夸张，真实心情与表情不一致，导致别人误会他的情绪，结果产生情绪冲突。反复的情绪冲突会令孩子越来越困惑，也越来越搞不懂，别人为何会有情绪，当然也就难以理解他人情绪产生的原因。教导孩子减少夸张式的情绪表达，才能渐渐发展出良好的情绪控制能力。

在此特别提醒爸爸妈妈，夫妻之间难免会有争吵，请记得尽量不要在孩子面前吵架，那对孩子的情绪发展是非常不利的。

行为 60

总是输不起
挫折忍受能力不佳

小威是个认真的小朋友，做事一丝不苟，连玩儿游戏也很认真，非常计较输赢。赢了当然没问题，输了就会天下大乱。不是很生气地说“不公平”，就是一直哭个不停，搞得小朋友们都不太敢跟他玩儿。爸妈常跟小威说“输赢没关系”，为什么他就是听不进去呢？

美国哈佛大学罗伯特·布鲁克斯博士认为，挫折忍受能力包含：

·有效处理紧张和压力，适应日常挑战的能力。

·从失望、困境中复原，找出切合实际的目标，解决问题的能力。

·与他人自在地相处，尊重自己和他人的能力。

如果孩子具有挫折忍受能力，当他面对逆境或失败时，可以勇敢地面对问题，不至于造成情绪失控或行为失常，并且还可以将不舒服的感觉转化为克服困难的勇气，从解决难题的过程中获得成长。

挫折忍受能力比较弱的孩子，因为无法恰当地调适自己的情绪，会出现生气、哭闹、逃避等行为。如果没有适当地引导孩子学习面对挫折，而是采用高压手段压抑孩子的情绪，会导致孩子变得悲观，对所有事情都失去兴趣。

挫折忍受能力不佳的原因

原因❶ 自我期许过高

孩子都是爸爸妈妈的宝贝，我们常会夸奖孩子，肯定他的表现。如果过度赞美，又不符合孩子的真实能力时，赞美可能从补药变成毒药。不符合事实的夸奖，会导致孩子产生过高的自我期许，制订超过自己能力的目标，等他开始动手做时，期望就会变失望，这反而会增加孩子的挫折感。爸爸妈妈要记住：赞美一定要符合事实，不能凭空乱讲。大方地称赞孩子的好行为，才会对情绪发展有正向帮助。

原因❷ 过度严厉批评

挫折忍受能力的发展，必须以自信心为基础。有自信心的孩子才有克服困难的勇气。如果爸爸妈妈一直过度严厉地批评孩子，总是数落孩子的不是，翻旧账责备孩子的弱点，他就会越来越退缩，不愿意尝试克服困难。在帮孩子培养挫折忍受能力时，不是给他大量的挫折让他习惯失败，而是先培养他的自信心，帮孩子找出自己的优点。

原因❸ 情绪控制能力不佳

挫折忍受能力的培养，必须符合孩子的年龄。四岁以前，情绪控制能力尚未成熟，出现情绪波动时往往需要成人安慰才能平静下来。当小小孩因失败而哭泣时，爸爸妈妈一个大大的拥抱会给他安全感。请给予孩子安慰，让孩子知道你会陪着他一起练习。等五岁以后，爸爸妈妈就需要引导他更勇敢，放手让他自己调整情绪。请多给孩子一些时间和空间，学习如何从失望、困境中复原，进而学会控制自己的情绪。

教育孩子就像放风筝。一方面要迎着风拉紧线，这样风筝才能飞起来；一方面又要慢慢放，这样风筝才能飞得高。陪伴孩子长大也是如此，细心呵护的同时，也要维持孩子的信心；大胆地放手，孩子才能学会克服困难。爸爸妈妈的任务，不是保护孩子一辈子，而是帮他做好准备，让他可以面对、迎接未来的每一个挑战。

在家玩起来

大富翁

❶准备一盒大富翁桌游。

❷选择一个玩家当银行，每人选一种颜色的棋子放在起点。

❸从年龄最小的玩家开始，扔骰子决定走几步。

❹游戏结束，结算现金和土地，钱最多的就是赢家。

贴心小叮咛

教育孩子必须符合孩子的阶段发展特点。五岁是培养孩子挫折忍受能力的好时机。过早训练可能会导致孩子的自信心不足。刚开始玩儿游戏时，请尽量让孩子获得第一或第二名，不要和孩子计较输赢。玩儿过两三次之后，就可以让孩子做倒数第二名了，但一定不要让他做最后一名。

延伸游戏

光光老师专注力亲子互动游戏卡
游戏 43“捡红点”（5岁+）

光光老师专注力小课堂

孩子一旦输了就发脾气，也有可能是下面两个原因。请爸爸妈妈留意。

一是分不清“笑”与“嘲笑”。四五岁的孩子很容易对他人的情绪产生错误判断，误解别人笑容背后的原因，觉得自己被嘲笑了而生气。这时请不要一开口就责备孩子，而是要和孩子说清楚“开玩笑”和“嘲笑”之间的区别，这样才会对孩子有帮助。

二是分不清大事小事。对于四岁的孩子，世界是一分为二的，只有对和错两个选项。失败对他来说，就好像是全盘否定了他的人生，所以他才会哭闹不止。这时除了安慰孩子外，还要教他分辨事情的重要性，有些无关痛痒的小事要学会不计较。当孩子学会分辨之后，当然也就比较能控制情绪。

图书在版编目（CIP）数据

光光老师专注力问诊室 / 廖笙光文；黄鼻子图. --
石家庄：河北教育出版社，2019.3
（启发精选家庭教育系列）
ISBN 978-7-5545-5014-4

Ⅰ. ①光… Ⅱ. ①廖… ②黄… Ⅲ. ①家庭教育
Ⅳ. ①G78

中国版本图书馆CIP数据核字(2019)第020554号

冀图登字：03-2018-084

光光老师专注力问诊室

（启发精选家庭教育系列）

责任编辑：高群英　丁　岚
策划：北京启发世纪图书有限责任公司
台湾麦克股份有限公司
出版：河北出版传媒集团
河北教育出版社 www.hbep.com
(石家庄市联盟路705号 050061)
印刷：北京圣彩虹科技有限公司

发行：北京启发世纪图书有限责任公司
www.7jia8.com 010-59307688
开本：880毫米 × 1230毫米 1/32 印张：7.5
版次：2019年3月第1版
印次：2019年3月第1次印刷
书号：ISBN 978-7-5545-5014-4
定价：33.80元

穿兔子？
穿兔子
对不起……
咦？

玩具
玩
对不起……

穿兔子
穿兔子?
对不起……
咦?

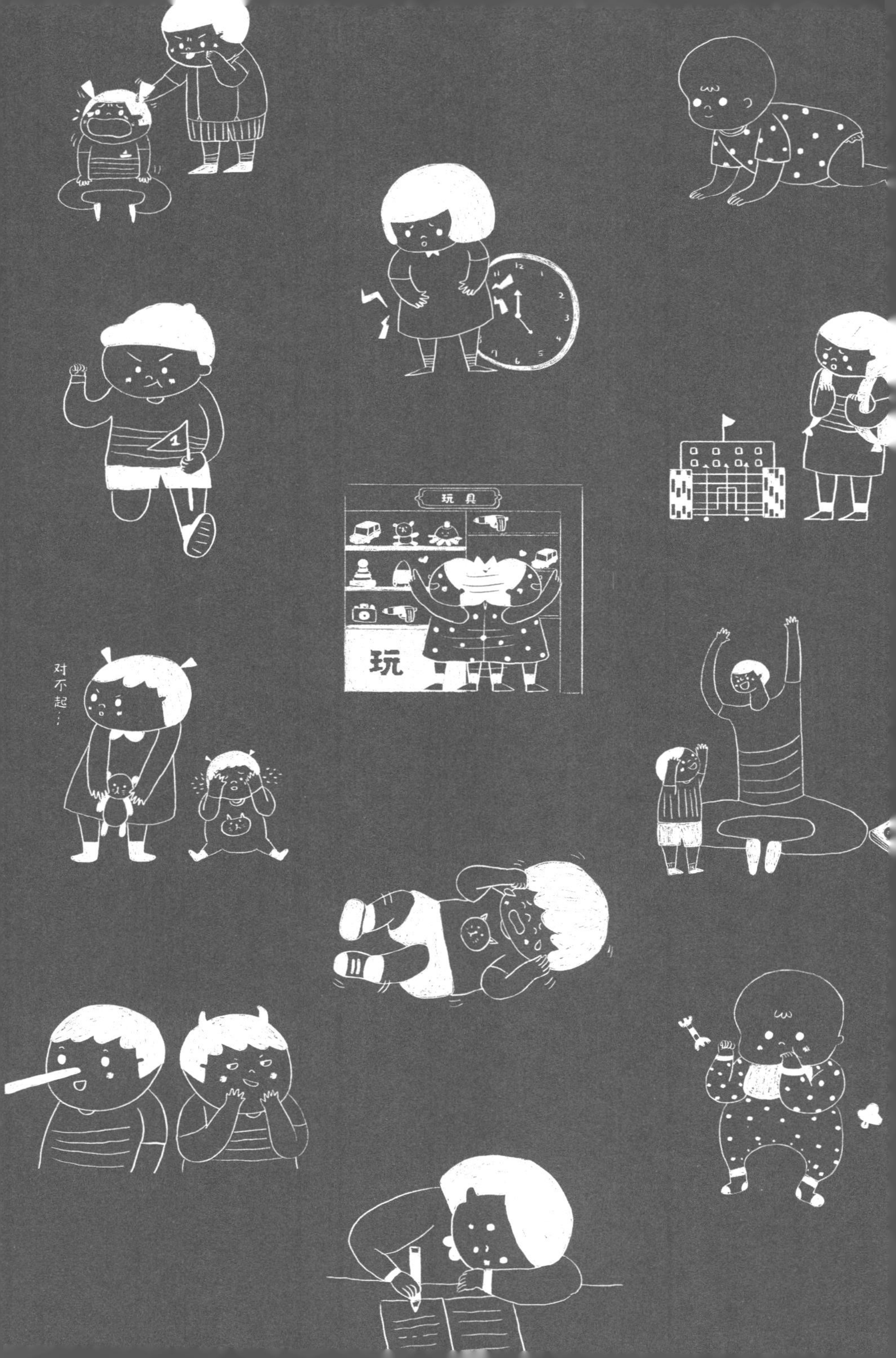
对不起……
玩具
玩